A IMPLACÁVEL VELOCIDADE DA MISERICÓRDIA

A biografia espiritual de Flannery O'Connor

JONATHAN ROGERS

A IMPLACÁVEL VELOCIDADE DA MISERICÓRDIA

A biografia espiritual de Flannery O'Connor

Tradução
Juliana Amato

São Paulo
2021

Título original
The Terrible Speed of Mercy: A Spiritual Biography of Flannery O'Connor

Publicado mediante acordo com
The Zondervan Corporation L.L.C, divisão da HarperCollins Christian Publishing, Inc.

Capa
Larissa Fernandez

Fotografia de capa
Science History Images / Alamy Stock Photo

Dados Internacionais de Catalogação na Publicação (CIP)
(Câmara Brasileira do Livro, SP, Brasil)

Rogers, Jonathan
  A implacável velocidade da misericórdia : a biografia espiritual de Flannery O'Connor / Jonathan Rogers; tradução de Juliana Amato – 1ª ed. – São Paulo : Quadrante Editora, 2021.

  Título original: *The Terrible Speed of Mercy: A Spiritual Biography of Flannery O'Connor*
  ISBN: 978-65-86964-85-1

  1. O'Connor, Flannery, 1925-1964 2. Escritoras americanas - Biografia I. Título.

CDD 868.4

Índices para catálogo sistemático:
1. Escritoras americanas : Ensaios autobiográficos 868.4

Todos os direitos reservados a
QUADRANTE EDITORA
Rua Bernardo da Veiga, 47 - Tel.: 3873-2270
CEP 01252-020 - São Paulo - SP
www.quadrante.com.br / atendimento@quadrante.com.br

Sumário

Nota à edição americana 9
Introdução 11
1. A garota que lutava com os anjos 21
2. «Sobretudo, ela falava Flannery» 37
3. «Comecei a ler tudo de uma vez» 47
4. «A peculiaridade [...] da experiência que descrevo» 57
5. A doença é um lugar 73
6. *Sangue sábio* 91
7. «Parece que atraio a ala dos lunáticos» 107
8. *Um homem bom é difícil de encontrar* 125
9. «O nome exato das coisas de Deus» 143
10. «A sociedade da qual me alimento» 161
11. *Os violentos o arrebatam* 177
12. *Tudo o que se eleva deve convergir* 195
13. «Além da zona dos trovões» 211
Agradecimentos 221

Para Andrew Peterson
e toda a comunidade de Rabbit Room

Nota à edição americana

Ao longo deste livro há cerca de treze insultos raciais altamente ofensivos, todos citados das narrativas ou correspondências de Flannery O'Connor. A equipe editorial discutiu em certa medida qual seria a melhor maneira de lidar com eles, levando-se em conta a sensibilidade dos leitores do século XXI. No fim, decidimos deixar as palavras com toda a sua força ofensiva, com base na ideia de que a repugnância que o leitor sente ao lê-las é a principal razão que levou a autora a escolhê-las. Pode ser verdade que o racismo fosse mais explícito nas décadas de 1950 e 1960 do que no século XXI, mas isso não explica por que O'Connor usou as palavras que usou nos treze exemplos citados neste livro. Um leitor de ficção literária nos anos 1950 não ficaria menos ofendido com o uso dessa palavra do que um leitor em 2012. Limpar o linguajar de Flannery O'Connor seria o mesmo que sugerir que compreendemos mais do que ela o quanto ele soa ofensivo, ou talvez que os leitores deste livro ofendem-se com mais facilidade do que seu público original. Não temos razões para acreditar que essas opções sejam verdadeiras. Assim, mantivemos a linguagem de O'Connor intacta e deixamos com o leitor esta advertência: talvez você ache a linguagem deste livro ofensiva; é assim mesmo que deve ser.

Introdução

Flannery O'Connor tinha 27 anos quando *Sangue sábio*, seu romance de estreia, foi publicado. Era pequena e tinha feição doce, apesar de já ter vivido dois anos com lúpus. Em geral, mostrava-se calada em público, mas quando abria a boca falava cantado, como os habitantes do piemonte georgiano. Basicamente, ela não parecia uma força a ser levada em consideração.

Ao visitar seus amigos em Nashville, Flannery encontrou um homem que colocou em palavras o que muitas das pessoas que a conheciam devem ter pensado a respeito dela. «É um livro profundo», disse ele. «Não parece que foi você quem o escreveu».

Flannery relatou a cena em carta a Elizabeth e Robert Lowell. Respondeu que «enruguei todo o meu rosto numa expressão franzida e rosnei: "Sim, fui eu"»[1].

E fora mesmo. Flannery O'Connor, que levava uma vida de classe média confortável, convencional e diligente numa fazenda de gado leiteiro em Milledgeville, Geórgia, escreveu histórias que são como tempestades, dotadas de

---

(1) *The Habit of Being*, p. 65.

repentes de violência e de *flashes* de revelação que caem do céu para, de uma só vez, destruir e iluminar.

Nada no comportamento de Flannery O'Connor sugeriria que tempestades como aquelas poderiam originar-se em seu interior. Sua vida era silenciosa – não isenta de problemas, mas comum e estável. Exceto pelos cinco anos e meio em que cursou oficinas de escrita em Iowa, Nova York e Connecticut, a autora passou a vida inteira na Geórgia, sob o teto de sua mãe, que podia ser um tanto dominadora, mas era extremamente zelosa da saúde e do bem-estar de Flannery. Ela sempre permitia que a filha trabalhasse em paz, mesmo que nem sempre apreciasse o que estava sendo escrito.

Flannery O'Connor e sua mãe levavam uma vida controlada e devota numa fazenda chamada Andalusia. Elas acordavam todos os dias para as orações das seis da manhã e, então, iam juntas à igreja católica do Sagrado Coração para a Missa das sete. Sentavam-se no mesmo banco todos os dias.

Depois da Missa, as O'Connor voltavam à fazenda. Flannery sentava-se diante da máquina de escrever no cômodo da frente, onde ficava a sala de estar. Ali – todas as manhãs, incluindo aos domingos –, ela passava quatro horas escrevendo histórias sobre pregadores de rua, prostitutas, delinquentes juvenis, profetas isolados, fazendeiros sofridos, atrações de circo, assassinos, charlatães e pessoas mutiladas, enquanto sua mãe cuidava dos negócios da casa e da fazenda.

Ao meio-dia, as O'Connor dirigiam-se à cidade novamente, onde almoçavam no salão de chá da Stanford House, em meio às senhoras de chapéu e luvas das classes mais altas de Milledgeville. De acordo com o biógrafo

INTRODUÇÃO

Brad Gooch, Flannery gostava muito do camarão frito da Stanford House e de sua torta de hortelã.

Não, Flannery O'Connor não parecia alguém capaz de escrever *Sangue sábio*, *The Violent Bear it Away* ou *Um homem bom é difícil de encontrar*. Nada, na história de sua vida, parece tocar a peculiar atmosfera – a atmosfera maltrapilha, violenta e decadente – que define sua ficção. «Nunca escreverão uma biografia minha», escreveu a autora, «por uma única razão: vidas que se passam entre a casa e o galinheiro não dão uma história nada emocionante»[2]. No entanto, sua vida não foi tão isenta de emoções assim. Especialistas como Jean Cash, Paul Elie e Brad Gooch demonstraram que a vida dela fornece, de fato, matéria-prima para uma biografia fascinante. É verdade, por outro lado, que se tratou de uma vida em grande parte livre do drama, da autocomplacência e da complexidade que muitas vezes resultam nas «histórias fascinantes» que são a vida de seus colegas. Não há explosões, colapsos, rompimentos ou vícios na vida de Flannery O'Connor. O que há é, sobretudo, uma atenção silenciosa ao trabalho que ela tinha em mãos.

Flannery O'Connor escreveu sobre grandes mistérios. Escreveu *nos* grandes mistérios, e era ela mesma um mistério. Em «A vida que você salva pode ser a sua», o sr. Shiftlet fala sobre os mistérios do coração humano em seu primeiro encontro com Lucynell Crater:

> «Minha senhora», disse, virando-se para lhe dar toda a atenção, «deixa eu lhe contar uma coisa. Há um médico desses, lá em Atlanta, que arrancou com

---

[2] Ibid., p. 291.

uma faca o coração de um homem – o coração de um homem», repetiu, inclinando-se para chegar mais perto, «de dentro do peito, e o pegou na palma da mão», e nesse ponto ele estendeu a sua, virada para cima, como se nela pesasse levemente o coração em questão, «para o estudar como se fosse um pinto de um dia, e ele, minha senhora», acrescentou, permitindo-se uma pausa longa e significativa, durante a qual sua cabeça deslizou para a frente e seus olhos cor de barro brilharam, «não sabe mais sobre isso do que nenhum de nós dois.»

«É verdade», a velha disse.

«Pois é, nem se ele pegasse a faca para partir o coração em pedaços saberia mais do que nós. Quanto quer apostar?»

«Nada», disse a velha, sagaz[3].

O biógrafo de Flannery O'Connor encontra-se na mesma situação do médico de Atlanta. Quantidade nenhuma de informações que possa recolher sobre os fatos e acontecimentos de sua vida o fará chegar à sua essência. No que diz respeito a Flannery O'Connor, não há quaisquer correspondências entre esta e aquelas. Felizmente temos as suas cartas, que abrem janelas para uma vida interior em que todos os mundos orbitam e se chocam.

As restrições externas a que O'Connor foi submetida e, enfim, acabou por cultivar abriram espaço para um mundo interior tão vasto e diverso quanto o próprio firmamento. Sua curiosidade nata foi canalizada e orientada

---

(3) Flannery O'Connor, *Contos completos*, tradução de Leonardo Fróes, CosacNaify, São Paulo, 2008.

por um impressionante rigor intelectual e espiritual. Era uma leitora voraz; lia desde os teólogos católicos antigos e contemporâneos até romances de periódicos. Certa vez, referiu-se a si mesma como uma «tomista caipira»[4]. Ela estava brincando, mas sua definição acaba sendo de grande ajuda. O material bruto de sua ficção era o menor denominador comum da cultura dos Estados Unidos, mas a sensibilidade que transformava a matéria-prima caipira em arte tinha mais em comum com Tomás de Aquino e outras grandes mentes da tradição católica do que com qualquer profissional das letras americanas.

Em carta a seu editor John Selby, Flannery O'Connor fala sobre a «peculiaridade ou solidão [...] da experiência sobre a qual escrevo».[5] Essa missiva não foi redigida na fazenda em Milledgeville. Flannery escreveu-a no famoso programa de formação de artistas em Yaddo, onde trabalhou lado a lado com figuras literárias como Robert Lowell e Malcolm Cowley. Tinha, ademais, acabado de sair de três anos no Programa de Formação de Escritores de Iowa, um dos mais respeitados programas em Belas Artes do país. Personalidades do circuito literário – não todas, mas muitas – a receberam e reconheceram como um de seus maiores talentos. Quando escrevia sobre a sua solidão, fazia-o de um lugar muito próximo ao epicentro das letras americanas. Desde muito cedo em sua carreira, Flannery zelou com unhas e dentes por sua solidão, por sua singularidade, uma vez que essa singularidade era a mesma de um profeta. Sua voz era a voz de alguém que grita no deserto.

---

(4) *The Habit of Being*, p. 81.
(5) Ibid., p. 10.

Talvez o comportamento mais inconfundível da vocação de Flannery O'Connor fosse sua disposição a ser mal interpretada. Ela não esperava que o cenário literário compreendesse o que estava fazendo. Tampouco se incomodava quando seus correligionários a compreendiam mal – o que era bom, pois quase todos os cristãos que conheciam sua obra não a compreendiam. Cartas «horrorosas» como a de uma mulher em Boston eram coisa comum: «Ela diz que é católica e por isso não consegue compreender como alguém poderia sequer PENSAR naquelas coisas»[6].

Entretanto, Flannery O'Connor deixou claro em suas cartas e ensaios que escrevia suas ficções impressionantes não a despeito de sua fé cristã, mas por causa dela. «É quando a fé individual está fraca, e não forte, que teremos medo de uma representação ficcional sincera da vida»[7], escreveu. Flannery O'Connor escreveu o que via, e o que ela via era, sim, um mundo destruído para além das técnicas de autoajuda, mas também um mundo no qual a transcendência estava sempre ameaçando irromper, fosse bem acolhida ou não. Entre seus oponentes, portanto, estavam não somente os céticos religiosos, mas também os fiéis que achavam que «os olhos da Igreja, da Bíblia ou de sua teologia já haviam tinham feito todo o trabalho de observação em seu lugar»[8].

O desafio de Flannery O'Connor, sua vocação, consistia em apresentar as verdades da fé a um mundo que, segundo sua maneira de pensar, havia perdido a capacidade de ver e ouvir essas verdades.

---

(6) Ibid., p. 82.
(7) *Mystery and Manners*, p. 151.
(8) Ibid., p. 163.

INTRODUÇÃO

Quando é possível presumir que o seu público tem as mesmas crenças que você, pode-se relaxar um pouco e usar os meios normais de comunicação; quando isso não é possível, é preciso tornar a sua visão clara por meio do choque – aos que têm dificuldade de ouvir, você grita; aos quase cegos, você desenha figuras enormes e surpreendentes[9].

A todas as formas de soberba, autoconfiança e autossatisfação – do pseudointelectualismo ao farisaísmo, passando pelo falso Evangelho do otimismo no período pós-guerra, com seus gurus do pensamento positivo e seus colunistas repletos de conselhos permissivos e de fé na ciência moderna –, a ficção de Flannery brada: «Palavra do Senhor!».

A violência, a morte repentina e a feiura na ficção de Flannery são as figuras gigantes desenhadas para os quase cegos. Se as histórias ofendem as convenções morais, é porque o próprio Evangelho é uma ofensa à moralidade convencional. A graça é um escândalo – ela sempre foi. Jesus estendeu a mão aos leprosos, aos aleijados, às prostitutas e aos derrotados, ao mesmo tempo que chamava os hipócritas de raça de víboras.

Em «Um homem bom é difícil de encontrar», é doloroso ver a avó, inofensiva, só chegar a um acordo com Deus e consigo mesma sob a mira de uma arma. Ainda mais doloroso é vê-la ser assassinada mesmo assim. Num conto mais propriamente moral, ela seria recompensada por sua percepção tardia e sua vida seria poupada. Todavia, a história somente confirma o que os cristãos dizem

---

(9) Ibid., p. 34.

já acreditar: que perder o corpo pelo bem da alma é uma boa troca. Trata-se de um mistério, e uma parte nada pequena desse mistério está na reação visceral do leitor às verdades em que ele diz acreditar. Flannery O'Connor nos convida a adentrar esses mistérios, mas nunca os soluciona. Ela nunca os reduz a algo controlável.

Em seus textos, Flannery fala com o fervor de um profeta do Antigo Testamento. Ela é como o profeta Isaías, que nunca chega para «consolar o meu povo» – exceto pelo seguinte: há, sim, um tipo de conforto em enfrentar a verdade sobre si mesmo. É isso o que acontece em cada um dos contos de Flannery O'Connor: em determinado momento extremo, o personagem – geralmente um personagem cheio de si, autossuficiente – enfim consegue perceber com clareza sua situação. Ele torna-se responsável diante de um Deus que é a fonte de tudo. Habita mistérios que são muito maiores do que ele mesmo. E, assim, pela primeira vez há esperança, ainda que ele possa não compreendê-la imediatamente.

A verdade dói para os personagens de Flannery O'Connor, e a autora parece assumir, por princípio, que a verdade também não é nada fácil para o leitor. Mas há ao menos um momento em que a autora levanta o véu e oferece ao leitor um vislumbre mais direto do que ela realmente pretende com toda a excentricidade e deformidade de sua ficção. A personagem principal do conto «Revelação» é a arrogante Ruby Turpin, pequena proprietária de terras que passa seus momentos de solidão refletindo sobre o quão grata ela é por ser exatamente quem é e como é, e não uma negra, uma mulher da «ralé branca», alguém feia ou ingrata. Suas reflexões na sala de espera do consultório médico são interrompidas por uma

INTRODUÇÃO

garota – totalmente estranha a ela – que a golpeia na cabeça com um livro e a sufoca. A menina olha nos olhos da sra. Turpin e diz: «Vai pro inferno, que é de lá que você veio, sua porca velha»[10].

A sra. Turpin interpreta as palavras da garota como uma mensagem de Deus e responsabiliza Deus por isso. Depois de tudo o que passara, ela acredita que merece um tratamento um pouco melhor do Todo-poderoso. Uma família inteira da ralé branca aguardava naquela sala de espera, mas fora ela, Ruby Turpin, a escolhida. «Que história é essa de me mandar uma mensagem dessas?», ela pergunta. «Como posso ao mesmo tempo ser uma porca e eu mesma? Como posso, sendo do inferno, dele estar salva? [...] Se é da ralé que você gosta, mais que de mim, pois então fique com ela [...]. Você podia ter me feito ralé. Ou negra. Por que não me fez ralé, se era ralé que queria?»[11].

Talvez essa tenha sido a primeira pergunta honesta que a sra. Turpin fizera, e Deus lhe deu uma resposta. O pôr do sol deixou uma mancha violeta no céu, e, à medida que a sra. Turpin a observa, sua visão da terra dá lugar a uma visão celestial:

> Viu a faixa no céu como uma ponte enorme e balouçante que partia da terra para o alto e se estendia por áreas de fogo vivo. Por essa ponte, em horda vasta e turbulenta, almas rumavam para o céu. Eram farranchos de brancos da ralé, limpos pela primeira vez na vida, bandos de negros em batas alvas e batalhões

---

(10) *Contos completos*, p. 620.
(11) Ibid., p. 627.

de aberrações e lunáticos que pulavam como sapos, gritando e batendo palmas. Encerrando o cortejo, uma tribo na qual ela reconheceu de imediato aqueles que, como ela mesma e Claud, sempre tinham tido um pouco de tudo, além da inteligência dada por Deus para ser bem utilizada. [...] Embora só eles tivessem realmente afinados, ainda assim lhe era possível ver, pelo espanto em seus rostos alterados, que até mesmo as suas virtudes estavam sendo consumidas em chamas[12].

Benditos sejam as aberrações e os lunáticos, que têm ao menos bom senso suficiente para não acreditar na própria respeitabilidade ou nas próprias virtudes ou talentos. Nas histórias de Flannery O'Connor, as aberrações estão do nosso lado, deformadas de muitas maneiras pelo Pecado Original. Todos nós, como diz a velha canção, somos «fracos e feridos, doentes e aflitos, [...] perdidos e arruinados pela queda»[13]. A violência e a deformidade nas histórias de Flannery, muitas vezes mal compreendidas por certo tipo de misantropia, revelam-se, por fim, um chamado à misericórdia.

Segundo a visão particular de Flannery, o mundo físico, mesmo em seu estado mais sórdido e feio, é um lugar em que a graça faz suas obras. Na verdade, é *precisamente* o lugar em que a graça faz suas obras. A verdade é dita aqui, não importa o quão alto ela tenha de gritar.

---

(12) Ibid., p. 629.
(13) Em inglês: «weak and wounded, sick and sore [...] lost and ruined by the fall». São versos da canção «Come, Ye Sinners, Poor and Needy», de Joseph Hart (1759).

I
A garota que lutava com os anjos
Savannah, 1925-1939

«Qualquer um que tenha sobrevivido à infância», escreveu Flannery O'Connor, «tem informações suficientes sobre a vida até o fim de seus dias»[1]. A dela começara em Savannah, Geórgia, em 25 de março de 1925. Flannery O'Connor nasceu no St. Joseph's, hospital católico do qual a sua família era importante benfeitora, e foi levada para sua casa na Lafayette Square, na região católica de Savannah. Do outro lado da praça, em frente à sua casa alta e estreita, estava a Catedral de São João, construída, em parte, graças à generosidade de John Flannery, parente do qual Flannery O'Connor herdara o nome. Num dos cantos da praça encontrava-se a St. Vincent's Grammar School for Girls. Do lado oposto, o Marist Brothers School for Boys. Embora a cidade de Savannah (como o restante do sul dos Estados Unidos) fosse majoritariamente protestan-

---
(1) *Mistery and Manners*, p. 84.

te, os vizinhos de Flannery O'Connor na praça Lafayette e adjacências eram, em sua maioria, católicos.

Os dois lados da família de Flannery eram de católicos irlandeses. O bisavô Patrick O'Connor deixara a Irlanda com o irmão, Daniel, e chegara a Savannah em 1851. Abriu uma estrebaria na Broughton Street, a menos de um quilômetro da Lafayette Square. O filho de Patrick, Edward Francis O'Connor, era vendedor atacadista de doces e tabaco, além de banqueiro em Savannah. Seu filho, Edward Francis Jr., tornar-se-ia o pai de Flannery O'Connor.

Do lado materno, as raízes de Flannery estão ainda mais arraigadas na Geórgia. Seus antepassados, Treanors e Hartys, chegaram ao condado de Taliaferr – a aproximadamente oitenta quilômetros a nordeste de Milledgeville – com um grupo de famílias católicas irlandesas que migraram de Maryland no fim do século XVIII. Por volta de 1845, Hugh Treanor, bisavô de Flannery, chegou a Milledgeville, que era a capital da Geórgia na época, onde tornou-se proprietário de um moinho de grãos banhado pelo rio Oconee. Segundo Flannery O'Connor, a primeira Missa de Milledgeville foi celebrada no quarto de hotel de seu bisavô.

Duas das filhas de Hugh Treanor casaram-se sucessivamente com Peter J. Cline, um comerciante e fazendeiro abastado que, mais tarde, tornou-se prefeito de Milledgeville. Embora fossem católicos, os Cline estavam entre as famílias mais eminentes da Milledgeville protestante. Cline teve dezesseis filhos com suas duas esposas, um dos quais era Regina Cline, mãe de Flannery O'Connor.

Regina Cline conheceu Edward O'Connor em 1922, quando seu irmão se casou com a irmã de Edward. O belo veterano da Primeira Guerra Mundial estava um pouco abaixo da posição social de Regina, mas, aos vinte e seis anos (mesma idade de Edward), Regina sentia certa urgência em encontrar um marido. Em 14 de outubro de 1922, menos de três meses depois de se conhecerem, os dois estavam casados.

Alguns meses depois do casamento, Katie Semmes, prima de Regina, ofereceu aos O'Connor um empréstimo que lhes permitiu se mudar para a casa que ela tinha na praça Lafayette. Numa família repleta de mulheres fortes e independentes, a prima Katie era uma figura distinta. Com cinquenta e poucos anos à época, era viúva de Raphael Semmes, sobrinho de um célebre almirante confederado de mesmo nome. Também era bastante afortunada, pois seu pai, John Flannery, banqueiro e comerciante de algodão, deixara-lhe uma herança de aproximadamente um milhão de dólares. A prima Katie era bastante generosa, também. Além de contribuir com as negociações de seus primos, financiou o Flannery Memorial Wing, no Hospital St. Joseph, a alguns quarteirões de sua casa. Quando Regina O'Connor deu à luz sua filha, naquele mesmo hospital, deu-lhe o nome de Mary Flannery em homenagem à prima que havia sido tão generosa com ela e Edward.

Entretanto, mesmo com toda a sua generosidade, a prima Katie era bastante controladora. Quando comprou e mudou-se para a casa vizinha à dos O'Connor, fez pairar sobre eles uma sombra ainda mais extensa. Com efeito, ela comprou duas casas na Lafayette Square além daquela onde vivia a família O'Connor e derrubou uma delas para ter onde estacionar o seu carro elétrico.

Os negócios imobiliários de Edward O'Connor iam mal, e por isso o casal preocupava-se em manter boas relações com a prima Katie. O biógrafo John Cash relata uma conversa que teve com a irmã Consolata, uma das professoras de Mary Flannery no St. Vincent: «Eu costumava chamá-la de Mary O'Connor», disse a freira, «e um dia sua mãe chegou aqui dizendo: "Irmã, por favor, aconteça o que acontecer, pode ignorar o Mary, mas lembre-se de chamá-la de Flannery por causa da nossa renda"»[2].

A menina foi chamada de Mary Flannery durante toda a infância, até mudar-se para o Iowa em sua especialização. Mary Flannery era uma criança incomum – embora não uma Wandinha da Família Addams, como os leitores de suas histórias talvez venham a imaginar. Filha única, passava quase todo o seu tempo em meio aos adultos, e já com pouca idade falava com eles como se fossem iguais[3]. Ela sempre chamou os pais pelo primeiro nome.

Os pais de Mary Flannery idolatravam sua filhinha genial e eram superprotetores com ela. Quando começou a ir à escola, na St. Vincent, do outro lado da praça, Regina a acompanhava todos os dias em vez de deixá-la caminhar com seus colegas de classe, que iam quase todos sozinhos. Mary Flannery atravessava a praça para almoçar em casa em vez de comer com as outras garotas, até que as freiras mudassem as regras, fazendo-a comer na escola. Ela então levava sanduíches de óleo de rícino para que seus colegas não a pedissem para compartilhar seu lanche.

Mary Flannery não chegou a ser propriamente admirada pelos colegas, e a recíproca era verdadeira. Quando Regina a fez frequentar aulas de balé, sua aparência desajeitada tornou-se a representação de seu embaraço

---

(2) Jean Cash, *Flannery O'Connor: A Life*, p. 11.
(3) Ibid., p. 16.

social. Voltando-se para esse período na vida adulta, Flannery escreveu:

> Na minha infância, fui forçada a dançar para desfrutar da companhia de outras crianças e para me tornar graciosa. Não havia nada que detestasse mais do que a companhia de outras crianças, e jurei que encontraria todas no inferno antes de fazer qualquer movimento gracioso[4].

Ela sempre descreveu-se a si mesma na juventude como «a filha única com dedos de pombo e queixo recuado, dotada de um complexo de deixe-me-em-paz-ou-vou-te-morder»[5].

Grande parte do tempo livre de Mary Flannery com as outras crianças era combinado e planejado por Regina, e na maioria das vezes consistia em Mary Flannery colocando as amigas sentadas e fazendo-as ouvir as histórias que havia escrito. Uma prima recorda da pequena Mary amarrando uma de sua amigas numa cadeira. Outra amiga de infância a descreveu não como uma menina reclusa, mas afligida por uma solidão que se acentuava pelo fato de ela simplesmente não saber fazer amigos. E sua mãe, ao que parece, não lhe deu muitas oportunidades de aprender por conta própria. Regina tinha uma lista de crianças que podiam brincar com a sua filha e a levava muito a sério. Certa feita, uma colega foi brincar na casa dos O'Connor – a convite de

---

(4) *The Habit of Being*, p. 146.
(5) *Flannery: A Life of Flannery O'Connor*, p. 30. Gooch cita uma «biografia» que Flannery O'Connor escreveu e que está na biblioteca da Georgia College & State University.

Regina –, mas cometeu o erro de levar uma amiguinha que não havia sido convidada. Regina mandou as duas garotas de volta pra casa[6].

As relações que Mary Flannery não tinha com os seus colegas ela tentava ter com as galinhas e patos criados no quintal de casa. De acordo a própria Flannery, sua obsessão com as galinhas surgiu com seu primeiro contato com a fama. De alguma forma, a equipe da *Pathé News* – que faziam cinejornais para passar nos cinemas – descobriu que uma de suas galinhas conseguia caminhar para trás. Foi enviado um cinegrafista de Nova York até Savannah para registrar a galinha especial e sua dona de cinco anos de idade.

«Depois daquele dia com o cinegrafista da *Pathé*, comecei a colecionar galinhas», escreveu.

> O que antes era um leve interesse tornou-se uma paixão, uma missão. Eu precisava ter mais e mais galinhas. Preferia aquelas com um olho verde e outro laranja, ou com pescoços mais longos e cristas tortas. Queria uma com três pernas ou três asas, mas nada nessa linha me apareceu. [...] Eu sabia costurar, e comecei a fazer roupas para elas. Um garnisé chamado Colonel Eggbert ganhou um casaco de piquê branco com gola rendada e dois botões nas costas[7].

Ao que parece, seu gosto pelo inusitado – e seu interesse pelo grotesco – começou cedo. Em suas redações escolares, Flannery escrevia sobre galinhas e patos quer

---

(6) Cash, pp. 17-18.
(7) *Mistery and Manners*, p. 4, do ensaio "King of Birds".

fossem esses os temas adequados à tarefa ou não (e normalmente não eram). Quando estudou economia doméstica na escola, fez roupas para um pato. Desenhava imagens de galinhas («começando pela cauda, a mesma galinha todas as vezes») e escrevia histórias sobre gansos. As aves da fazenda tornaram-se um passatempo permanente para ela – até chegar o pavão, que se tornou a sua marca registrada.

Quando não estava com seus patos e galinhas, Mary Flannery normalmente escrevia e desenhava. Ela datilografou e encadernou diversas cópias de um livreto intitulado *My Relitives* [«Meus parentes», escrito segundo a pronúncia interiorana], no qual descrevia em tom satírico alguns membros de sua família. Brad Gooch escreveu que «a série de retratos era tão bem elaborada e desconfortavelmente próxima da vida real que os parentes retratados [...] hesitaram – ou simplesmente não quiseram – em reconhecer a si mesmos». Sobre isso, Flannery escreveu à amiga Maryat Lee: «Não teve uma recepção muito boa»[8].

Mary Flannery também se interessou por caricaturas, as quais, porém, só encontraram expressão posteriormente. Kathleen Feeley declarou, sobre uma caricatura da juventude de Flannery, que era reveladora em muitos sentidos. O desenho, intitulado *Age 9* [«9 anos»], retrata Regina, Edward e Mary Flannery O'Connor. A mãe diz: «Mantenha a cabeça erguida, Mary Flannery, e você está tão mal quanto ela, Ed». A garotinha respondia: «Estava lendo em algum lugar que alguém morreu por manter a cabeça erguida»[9]. A mãe superprotetora dava ordens

---

(8) *A Life of Flannery O'Connor*, p. 39.
(9) *Realist of Distances*, p. 67.

tanto à filha como ao marido. A filha a desafiava; o pai permanecia em silêncio – não se defendia e não corrigia a menina. A síntese com que Flannery, aos nove anos e numa só imagem, conseguiu captar a dinâmica familiar é surpreendente, e sua capacidade de narrar detalhes que revelam a história toda viria a tornar-se característica marcante de sua ficção.

Na infância, Flannery O'Connor também foi uma leitora voraz, embora suas leituras não fossem sempre as mais edificantes. Lia mitos gregos e romanos de uma enciclopédia infantil, mas também confessou que se dedicava a obras pouco instrutivas.

> As outras coisas que eu lia não passavam de Preguiça com P maiúsculo. À fase da Preguiça seguiu-se a fase Edgar Allan Poe, que durou quatro anos e consistiu principalmente de uma edição chamada *The Humerous Tales of E. A. Poe*. Eram muitos contos – um deles sobre um jovem que era vaidoso demais para usar seus óculos e, consequentemente, desposa por acaso a própria avó; outro sobre um belo homem que, em seu quarto, despia-se de braços e pernas de madeira, peruca, dentes artificiais, tom de voz, etc., etc.; e mais outro sobre os pacientes de um sanatório que assumem o controle do local e passam a administrá-lo segundo os próprios critérios. Essa é uma influência sobre a qual prefiro não pensar[10].

Que a própria Flannery preferisse não pensar sobre a influência de Poe é compreensível, mas é difícil para

---

(10) *The Habit of Being*, p. 98.

nós leitores não abrir um sorriso ao imaginar essas histórias cômicas e macabras, com suas pernas de madeira e sanatórios, entrando no imaginário de Mary Flannery e manifestando-se anos depois nas histórias grotescas de sua carreira autoral.

* * *

Os O'Connor eram uma família devota, que ia à Missa diariamente. «Eu nasci católica», Flannery O'Connor escreveu a uma amiga, «frequentei escolas católicas na infância e nunca larguei ou quis largar a Igreja»[11]. Entretanto, os O'Connor também transmitiram à filha certa independência em relação a assuntos que julgavam não ter importância teológica – sobretudo as regras estabelecidas pelas freiras da St. Vincent. Talvez isso viesse do fato de a família de Regina ser uma importante benfeitora das instituições católicas de Savannah e Milledgeville, mas os O'Connor esperavam certa flexibilidade quando se tratava das regras que seus conterrâneos seguiam. Mary Flannery, por exemplo, ignorava a Missa infantil obrigatória na Catedral de São João aos domingos para assistir à Missa com os pais. Toda segunda-feira de manhã, as freiras da St. Vincent verificavam o registro de presença para ver se as alunas haviam comparecido à Missa das crianças, e o nome de Mary Flannery nunca estava lá. Uma colega de classe lembrou que «ela ficou em pé e disse à irmã: "A Igreja Católica não dita à minha família o horário que devo ir à Missa"»[12]. Flannery tinha seis anos de idade quando disse isso.

---

(11) Ibid., p. 114.
(12) *A Life of Flannery O'Connor*, pp. 33-34.

A relação de Flannery O'Connor com as autoridades religiosas sempre fora complexa. Em assuntos de máxima importância, ela se submetia inequivocamente aos ensinamentos da igreja. Estimava o dogma, descrevendo-o como «guardião do mistério». Diante dos grandes mistérios, confiava na doutrina da Igreja com a certeza de que não precisava compreender nada para crer.

Por outro lado, Flannery não tinha muita paciência para manifestações sentimentais da fé, mesmo se viessem daqueles em posição de autoridade. Falava com desdém das «histórias infantis e histórias de freiras e histórias de menininha – uma insípida desconfiança católica de encontrar Deus em ação em qualquer medida ou profundidade»[13]. Se a Igreja que educou Flannery desde o berço angustiava-lhe («Parece verdadeiro que é preciso sofrer tanto com a Igreja quanto pela Igreja», escreveu), era porque nunca cogitaria encontrar sentido em qualquer outro lugar. Escreveu: «Creio que a Igreja seja a única coisa que tornará suportável o mundo terrível em que vivemos; a única coisa que torna a Igreja suportável é que, de alguma forma, ela é o Corpo de Cristo, e desse corpo somos alimentados»[14].

A imagem do artista atormentado a lidar com os próprios demônios é um clichê consagrado. No caso de Flannery O'Connor, a batalha era contra seus anjos. Quando estudante na St. Vincent, ela escutava com frequência que tinha um anjo da guarda que nunca saía de seu lado. A ideia não parecia tão reconfortante à pequena Mary Flannery:

---

(13) *The Habit of Being*, p. 139.
(14) Ibid., p. 90.

Desenvolvi algo a que os freudianos nunca deram nome – um complexo antiangélico, por assim dizer. Dos oito aos doze anos cultivei o hábito de me trancar sozinha num quarto de vez em quando e, com um rosto feroz (e mau), rodar em círculos com os punhos cerrados, golpeando o anjo. [...] Minha antipatia por ele era venenosa. Tenho certeza de que o chutei e caí no chão. Não era possível ferir um anjo, mas eu teria me contentado em saber que sujei as suas penas[15].

Sobre a ficção de Flannery O'Connor, já se disse que se ambienta no Antigo Testamento, na medida em que «a relação dos personagens com Deus é direta, e não por meio de outra pessoa»[16]. O mesmo pode ser dito a respeito da garotinha solitária a debater-se contra o anjo da guarda. Há uma paixão, e mesmo uma ferocidade, que remete ao Antigo Testamento. Ela acreditava no anjo não porque aquilo a «satisfazia emocionalmente»[17], mas porque tinha total certeza de que ele era real. Não obstante seu espanto e raiva, não lhe parece ter ocorrido duvidar mais do que duvida uma criança rebelde de seus pais. Jacó também lutara contra um anjo, agarrando-se à sua vida até que obtivesse uma bênção e uma ferida que o deixou manco pelo resto da vida.

* * *

No início do sexto ano do ensino fundamental, abruptamente, Regina tirou Flannery O'Connor da escola da

---

(15) Ibid., pp. 131-132
(16) Ibid., p. 111.
(17) Ibid., p. 100.

vizinhança e a colocou na Sacred Heart School, que ficava a apenas um quilômetro e meio de distância, mas pertencia a outra paróquia. Abandonar a St. Vincent era uma atitude um tanto ousada a paroquianos tão fiéis como os O'Connor e causou certo burburinho entre os vizinhos, que começaram a especular as razões para mandar a filha à abastada escola da Abercorn Street[18].

A mudança para a Sacred Heart foi a primeira de muitas outras mudanças que Mary Flannery experimentaria ao longo dos anos seguintes. É claro: ela estava entrando numa fase da vida em que tudo muda. Porém, mesmo sendo tão adulta em alguns aspectos, noutros ela apegava-se obstinadamente à sua infância, resistindo às mudanças internas pelas quais as meninas passavam com a chegada da puberdade. «Quando eu tinha doze anos decidi, na minha cabeça, que definitivamente não cresceria mais», escreveu aos 29 anos.

> Não lembro como pretendia interrompê-la. Havia na «adolescência» algo relacionado a qualquer coisa que me era repulsiva. Decerto não aprovava o que via nas pessoas daquela idade. Era uma garota de doze anos um tanto idosa; minhas opiniões naquela idade teriam feito jus a um veterano da Guerra Civil. Sou muito mais jovem agora do que era aos doze – ou melhor, menos atormentada. O peso dos séculos recai sobre as crianças, tenho certeza disso[19].

Foi em 1937 – ano em que Mary Flannery completou doze anos – que seu pai manifestou os primeiros sinais do

---

(18) *A Life of Flannery O'Connor*, pp. 40-41.
(19) *The Habit of Being*, p. 249.

lúpus, doença autoimune que iria matá-lo quatro anos depois. A mesma doença mataria Flannery O'Connor aos 39 anos de idade. Naquele estágio inicial, quando as primeiras lesões cutâneas começaram a aparecer no rosto de Edward, a família aparentemente não discutiu abertamente a doença. Flannery, porém, era uma garota observadora: provavelmente sabia que algo estava errado. No fim da década de 1930 não havia nenhum tratamento eficaz contra o lúpus, bem como na época em que ela mesma viria a contrair a doença, em 1950. A vítima simplesmente sofria até falecer, com o sistema imunológico destruindo diversos sistemas corporais. O paciente estava sujeito a todos os tipos de dores, enfermidades e febres. E o cansaço... Sempre havia o cansaço. Os amigos de infância de Flannery que conseguem se lembrar um pouco de Edward O'Connor recordam que ele regularmente tirava sonecas depois do almoço[20].

Mesmo na efervescência dos anos 1920, e mesmo com o apoio financeiro da prima Katie, os negócios imobiliários de Edward O'Connor nunca prosperaram. E não surpreende que as coisas não tenham melhorado nada durante a Depressão. Ele teve um sucesso consideravelmente maior, mas menos remunerado, como veterano: em 1936, foi eleito comandante da Legião Americana do Estado da Geórgia. A Legião era a única área em sua vida que não se encontrava dominada por sua esposa e pelas mulheres de sua família.

No fim de 1937, Edward O'Connor procurava explorar suas conexões familiares (com a família de sua esposa) em busca de empregos públicos com salários mais

---

(20) Cash, p. 9.

regulares do que obtinha nos negócios imobiliários. Em 1938 seus esforços deram resultado: conseguiu um emprego em Atlanta como avaliador da Federal Housing Authority.

Os O'Connor deixaram Savannah na primavera de 1938. Nunca mais voltariam a morar ali. Regina e Mary Flannery se mudaram para a casa dos Cline em Milledgeville, passando a viver com as irmãs mais velhas solteiras de Regina: Mary Cline (depois chamada de «Irmã») e Katie Cline. Mary exercia o papel de matriarca da mesma maneira como Katie Semmes o fizera em Savannah.

Durante a semana, Edward O'Connor passava as noites em Atlanta. Aos fins de semana, pegava a estrada para Milledgeville a fim de ficar com a esposa, a filha e suas cunhadas. Visitante de fim de semana, ele era menos importante do que nunca à vida cotidiana na casa da família Cline.

Em 1939, Regina e Mary Flannery mudaram-se para Atlanta: foram morar com Edward numa casa na região de Buckhead. Mary Flannery frequentou a North Fulton High School no ano escolar de 1939 a 1940, mas no início do ano seguinte ela e a mãe voltaram a Milledgeville com as tias. Edward ficou com dois irmãos de Regina numa pensão conhecida como Bell House.

Naquele outono, a saúde debilitada de Edward começou a deteriorar-se. Ele foi forçado a abandonar o trabalho em Atlanta e voltar para Milledgeville, e doravante não viveria muito mais tempo. Morreu no início de fevereiro de 1941, aos 45 anos.

Flannery O'Connor escreveu muito pouco sobre o pai. Quando o fez, porém, foi com ternura. «Eu realmente só o conhecia por uma espécie de instinto[21]», escreveu aos 31 anos, já atingida pela doença que o matara. Enquanto Regina expressava seu amor impondo uma ordem imensamente eficiente à vida de sua filha, garantindo que ela tivesse todas as oportunidades e vantagens possíveis, Edward parecia expressar seu amor na alegria pura e simples. Encorajava a criatividade da filha e levava consigo seus desenhos de criança para mostrar aos amigos. Rodeada de mulheres ferozmente enérgicas, Flannery O'Connor via no pai uma alma gêmea – para melhor e para pior: «Nunca irei romantizá-lo», disse, «pois carrego a maioria de seus defeitos, bem como os seus gostos»[22].

Flannery pensava em seu pai como um escritor frustrado, um homem que teria escrito muito mais do que os discursos da Legião Americana se não vivesse mergulhado nas responsabilidades da vida familiar – responsabilidades que ela mesma não tivera. Flannery escreveu que

> precisar muito das pessoas e não tê-las pode conduzir você numa direção criativa, contanto que tenha os outros atributos necessários. [Meu pai] precisava das pessoas, creio, e as tinha. Ou talvez as quis e as teve. Eu as quis e não tive. [...] Qualquer coisa que eu faça no campo da escrita me deixa muito satisfeita, pensando que pode ser a realização do que ele mesmo quisera ter feito[23].

O pai, que era ausente de tantas maneiras, esteve, assim, presente em toda a sua obra.

---

(21) *The Habit of Being*, p. 166.
(22) Ibid., 168.
(23) Ibid., 169.

2

«Sobretudo, ela falava Flannery»
Milledgeville, 1939-1945

Assim como Savannah, Milledgeville é um lugar que exala história. Mansões grandiosas do período pré-guerra lembram ao visitante a importância que cada cidade teve antes da Guerra Civil: Milledgeville era a capital da Geórgia; Savannah, o maior centro populacional e local em que o principal porto se encontrava. O general Sherman fora às duas cidades em sua Marcha ao Mar.

Apesar de terem em comum os ecos do Velho Sul, Milledgeville e Savannah foram – e são – lugares muito diferentes. Em 1940, Savannah ostentava quase cem mil habitantes, enquanto Milledgeville tinha menos de sete mil. Savannah, embora distintamente sulista, também apresentava a atmosfera cosmopolita comum às cidades portuárias. Entre as onduladas colinas vermelhas do centro da Geórgia, as características sulistas de Milledgeville não haviam sido ainda afetadas pelas influências culturais vindas de fora.

Isso não quer dizer que Milledgeville fosse apenas uma típica cidade do sul. Trata-se, afinal, de uma cidade universitária: a Georgia State College for Women (GSCW) – atualmente Georgia College and State University – ficava a um quarteirão da casa dos Cline. Milledgeville tinha também uma escola militar, um reformatório e um sanatório. Na Geórgia, «ir para Milledgeville» ainda serve como eufemismo para «enlouquecer».

Ironicamente, a mudança para uma cidade menor expandiu o universo de Mary Flannery de maneiras decisivas para sua carreira de escritora. Mesmo que em Milledgeville houvesse uma população católica e uma igreja – a do Sagrado Coração –, não se tratava de uma comunidade católica semelhante à de Savannah. Diferentemente do que ocorrera na Lafayette Square, os vizinhos dos O'Connor em Milledgeville eram quase todos protestantes. Foi ali que Flannery pôde começar a observar de perto as variedades de protestantismo retratadas em sua ficção.

Não havia uma escola paroquial associada à igreja do Sagrado Coração, e por isso Mary Flannery passou a frequentar a Peabody Model School, no *campus* da Georgia State College for Women (GSCW). A Peabody fora criada para que os alunos e professores da Escola Normal da GSCW pudessem adquirir experiência no ensino e observar os métodos pedagógicos mais recentes. A Peabody estava muito longe de ser administrada com a mesma rigidez das freiras de Savannah. Flannery trazia consigo «certas lembranças sombrias dos dias e meses em que passara apenas "sobrevivendo na escola"»[1]. Fortemente influenciados por John Dewey e seu discípulo William

---

(1) *Mistery and Manners*, p. 127.

«SOBRETUDO, ELA FALAVA FLANNERY»

Heard Kilpatrick, os professores da Peabody julgavam as preferências de seus alunos de maneiras que as freiras jamais o tinham feito – maneiras estas que a própria Flannery desaprovava. Ela contou certa vez a uma colega que os professores

> nos perguntavam o que, como crianças maduras que éramos, achávamos que deveríamos estudar. Naquela escola estávamos sempre «planejando». Eles preferiam ministrar arsênico nos bebedouros a nos deixar estudar grego. Não sei absolutamente nada de história. Estudávamos primeiro o que veio depois, começando pelo jornal diário e mapeando os problemas que o originaram[2].

Flannery O'Connor nunca disse nada de bom sobre essa escola que lhe dera mais liberdade do que ela poderia imaginar. «Tenho sorte por não reter nada», escreveu, «o que significa que não fui prejudicada por minha educação lamentável. Talvez essa seja minha maneira bem-humorada de enxergar a situação»[3].

A falta de destreza social que acompanhara Flannery na escola primária continuou presente durante o secundário. Ela não demonstrava nenhum interesse pelos garotos, ao mesmo tempo que pouco fazia para agradar as amigas. Jean Cash entrevistou uma conhecida de Flannery que falou sobre a rejeição que a autora sofria – rejeição que, de certa maneira, ela mesma atraía para si, graças à sua indiferença e sua recusa em se dar bem com os outros:

---

(2) *The Habit of Being*, p. 249.
(3) Ibid., p. 239.

Não tenho orgulho nenhum em dizer que eu e minhas amigas não gostávamos de Mary Flannery. Ela era sempre excluída das festas. Seus primos de Connecticut chegavam de visita durante o verão e organizavam festas para as quais ela precisava ser convidada. E ela passava a noite num canto, sozinha. Era fisicamente desagradável, e nós (eu) não perscrutávamos o que se passava em sua cabeça[4].

Flannery, no entanto, não era uma reclusa. Encontrou seu espaço no jornal da escola, para o qual escrevia e fazia caricaturas – uma espécie de gravura grosseira e angulosa que representava alunos sonhando acordados em suas carteiras, sentados de costas à mesa ou saindo da escola em disparada, ostentando seus chapéus e becas.

Flannery O'Connor ia bem na Peabody, sobretudo nas aulas de inglês. Em seu tempo livre, continuava a escrever, e as aves da fazenda participavam ativamente de seus empenhos criativos. Um poema ilustrado de dezessete páginas, chamado «Identidade trocada», conta a história de um ganso muito elegante chamado Herman que, depois de botar um ovo, teve de ser chamado de Henrietta. A história de Herman/Henrietta baseou-se numa história real que acontecera na própria coleção de aves de Mary Flannery.

A moça pode não ter sido popular, mas no último ano do ensino médio era interessante o suficiente para ser personagem de um perfil no jornal da escola. «Aluna de Peabody revela seu estranho passatempo», dizia a manchete. O passatempo em questão consistia em colecionar

---

(4) Cash, p. 48, em citação de uma entrevista por e-mail.

cartas de recusa das editoras, embora não fique claro se ela teria submetido suas histórias sobre gansos e galinhas às editoras ou se estava brincando. De todo modo, segundo o artigo, sua ambição, mesmo na escola, era «seguir escrevendo, principalmente sátiras»[5].

O artigo, como não é de surpreender, falava muito sobre as aves de Flannery O'Connor – galinhas com nomes como Hitler e Hailie Selassie, uma gralha chamada Winston e o ganso Herman, que, para surpresa geral, botara oito ovos. O texto também menciona sua coleção de 150 galinhas de porcelana e vidro, seus talentos musicais (clarinete, acordeão e contrabaixo), seu trabalho como cartunista no jornal da escola e seu passatempo de fazer alfinetes de lapela, que eram vendidos numa loja local. Ao que parece, o ambiente acadêmico independente da Peabody Model School a deixava com muito tempo livre para explorar seus diversos interesses e *hobbies*.

Flannery se formou na Peabody em maio de 1942. Quando «partiu» para a faculdade, não foi mais longe do que quando fora para o ensino médio. Matriculou-se na GSCW e continuou a morar com a mãe e as tias a uma quadra do *campus*.

Flannery diria depois que, se «detestara» o ensino médio, acabara por gostar muito da experiência universitária. No entanto, ainda desprezava a educação que recebeu ali. «Só comecei a ler mesmo quando cheguei à especialização», afirmou. «Quando cheguei a Iowa, não tinha nem ouvido falar de Faulkner, Kafka, Joyce – quanto mais os lido»[6].

---

(5) *The Peabody Palladium*, 18 de dezembro de 1941.
(6) *The Habit of Being*, p. 98.

Parece, no entanto, que Flannery O'Connor amadureceu socialmente, ao menos um pouco. Fez mais amigos, e amigos mais próximos, do que nos anos anteriores. A maioria deles, de acordo com uma colega de classe, estava envolvida na política estudantil, na revista literária e no anuário. Uma das mais próximas era Betty Boyd (depois Betty Boyd Love). Tendo se conhecido ali nos primeiros dias, como calouras, trabalharam juntas na revista literária *Corinthian*. Betty era visita frequente na casa das Cline, e sobre Flannery escreveu:

> Ela sabia quem ela era e não se satisfazia ou se incomodava. Há críticos que o farão acreditar que ela era algum tipo de aberração. Nada disso! Era um pouco esquisita fisicamente, e talvez considerasse absurdas algumas convenções sociais. No entanto, nunca manifestou abertamente nenhuma rebeldia. É provável que estivesse apenas se divertindo. Nas palavras dela, falava «sulista». Bem, de certa maneira isso é verdade – mas, sobretudo, ela falava Flannery. Falava arrastado, com um toque de humor, e era uma ótima companhia[7].

Na GSCW, Flannery O'Connor era uma espécie de personalidade. Sarah Gordon escreveu sobre sua «marcha ritmada e saudação brusca», bem como de seu hábito de «dizer "Saudações!", em vez dos costumeiros "Olá" ou "Oi", aos colegas de classe»[8].

Os desenhos de Flannery eram publicados regularmente no jornal do *campus*, o *Colonnade*, na revista li-

---

(7) Cash, p. 56.
(8) *Cartoons of Flannery O'Connor*, p. 4.

terária *Corinthian* e no anuário da GSCW, o *Spectrum*. Ela assinava seus desenhos com as iniciais MFOC dispostas no formato de uma galinha de palitinho. Sua técnica de gravura melhorara consideravelmente em comparação ao que ela fazia no secundário. As figuras, com olhos esbugalhados e narizes avantajados, pareciam influenciadas pelo trabalho do cartunista James Thurber, da *New Yorker*. Quando ainda estudante, Flannery de fato enviara alguns de seus trabalhos para a *New Yorker*, mas foram recusados[9].

Os cartuns dos tempos da faculdade revelam um tom satírico que se tornará ainda mais nítido em sua ficção. Carregam consigo uma perspectiva que os cartuns da época do secundário jamais apresentaram. As piadas eram comumente herméticas, incompreensíveis a quem estava de fora. Como sói acontecer em cartuns de jornais universitários, os assuntos tendiam a ser corriqueiros: o concurso de dança, a falta de espaço na sala de aula, o jogo de *softball*... De longe, o tema mais frequente nas ilustrações de Flannery era a invasão das mulheres do Serviço Auxiliar de Emergência Feminino Voluntário no *campus* da GSCW. As quinze mil mulheres que ali se abrigaram e foram treinadas na GSCW de 1943 até o fim da Segunda Guerra Mundial constituíram para Flannery a lembrança mais imediata e tangível de que seu país estava em guerra. Desde sua chegada no *campus* até sua partida, que coincidiu com a partida de Flannery, mais de trinta cartuns para o *Colonnade* trataram do assunto, contrastando o asseio impecável das voluntárias com os hábitos mais relaxados dos estudantes.

---

(9) *The Habit of Being*, p. 536.

Na GSCW, Flannery esteve inscrita num programa intensivo devido à guerra, no qual assistiria às aulas nas férias de verão e obteria o diploma em três anos. Ela tinha ainda dezessete anos – e menos de duas semanas fora do secundário – quando ingressou na faculdade; quando a concluiu, na primavera de 1945, logo depois do fim da guerra na Europa, contava com dezenove.

As notas de Flannery eram boas; estava na lista dos melhores em todos os períodos de sua carreira na universidade, exceto um. Formou-se em ciências sociais em vez de inglês, talvez com a intenção de evitar as intromissões dos professores de inglês que sabiam menos sobre escrita do que ela – alguns de seus professores tentaram (e não conseguiram) convencê-la a escrever «como uma garota».

No fim de seus estudos na GSCW, Flannery O'Connor teve aulas de filosofia com um professor chamado George Beiswanger, que logo viu nela uma genialidade incomum e a independência de espírito de quem estudava os filósofos modernos sob uma perspectiva católica. «Flannery sentava-se na sala de aula, escutava com atenção, tomava notas», conta Bessanger, «e, sem que dissesse uma palavra, deixava claro não ter acreditado numa só palavra do que eu estivera dizendo. [...] Ela conhecia São Tomás de Aquino em detalhes, tinha um conhecimento surpreendente da filosofia antiga e tornou-se uma intelectual de primeira linha, sem falar em seus outros talentos. [...] Logo ficaria claro para mim que ela havia "nascido" escritora e que tomaria esse caminho»[10].

Beiswanger fizera seu doutorado na Universidade de Iowa e convenceu sua teimosa mas brilhante aluna

---

(10) Cash, p. 67.

a inscrever-se no curso de especialização daquela universidade, oferecendo-se para redigir-lhe uma carta de recomendação. Ela seguiu seu conselho e candidatou-se ao curso de jornalismo com a intenção de continuar a carreira de cartunista.

Flannery foi aceita em Iowa. Aos dezenove anos, preparava-se para sair da Geórgia pela primeira vez na vida e dava início aos esforços para tornar-se uma escritora de verdade.

3
«Comecei a ler tudo de uma vez»
Iowa, 1945-1948

Quando Mary Flannery chegou a Iowa, decidiu adotar um novo nome para iniciar a sua nova vida longe da Geórgia: tirou o «Mary». Dali em diante, ficaria conhecida como Flannery O'Connor por todos, exceto sua família e velhos conhecidos.

A mudança de nome não representou, entretanto, o desejo de reinventar-se por completo. Ela ainda ia à Missa quase todos os dias, caminhando quinhentos metros desde o seu dormitório, na Currier Hall, até a igreja de Santa Maria. «Frequentei a congregação por três anos e não conheci uma só alma e nenhum dos padres», escreveu, «mas não era preciso. Assim que entrei por aquela porta, estava em casa»[1]. Quase todos os dias em que viveu longe da Geórgia, ela escreveu à mãe (às vezes apenas

---

(1) *The Habit of Being*, p. 422.

um cartão-postal) e leu os jornais de Milledgeville que a mãe lhe enviava regularmente.

Alguns dias depois de chegar ao *campus* da Universidade de Iowa, ela percorreu o caminho que levava até o escritório de Paul Engle, diretor do Programa de Formação de Escritores. Criado em 1936, o curso era o primeiro dos Estados Unidos a oferecer o Mestrado em Belas Artes – formação cujo trabalho de conclusão é um romance, uma coletânea de contos ou poemas, em vez de uma tese ou dissertação. Ainda hoje o Programa é um dos mais importantes centros de formação para os escritores americanos. Desde 1936, 28 vencedores do Prêmio Pulitzer foram entregues a escritores graduados ali ou que eram membros de seu corpo docente.

Paul Engle contou algumas vezes a história de seu primeiro contato com Flannery O'Connor, embora não a tenha contado todas da mesma maneira. Em carta a Robert Giroux, editor e *publisher* da autora, Engle recordou que uma mulher muito jovem (era ainda adolescente na época) chegara a seu escritório e começara a falar com um sotaque característico da Geórgia – tão arrastado que ele mal conseguira compreender o que ela estava dizendo. Na verdade, a situação fora tão embaraçosa que ele teve de pedir à jovem que escrevesse o que queria dizer. «Meu nome é Flannery O'Connor», escreveu ela. «Não sou jornalista. Posso participar do Programa de escritores?»

Engle leu alguns trabalhos de Flannery, que foi logo aceita. «As histórias estavam repletas de uma percepção silenciosa e perspicaz, cruel e compassiva, das fraquezas humanas», registrou[2].

---

(2) *The Complete Stories*, p. vii.

Flannery sempre levara os estudos muito a sério, mas em Iowa descobriu pela primeira vez o encontro genuíno de seu talento e vocação com as práticas que lhe eram oferecidas. Na GSCW, ela se graduara em ciências sociais. Seus professores de inglês reconheciam seu talento, mas não podiam fazer muita coisa por ela, que já estava além deles antes de ter chegado lá. Em Iowa, Flannery finalmente viu-se entre pessoas que tinham a mesma afinidade intelectual e que, no fundo, estavam mais adiantadas do que ela. Em Iowa, havia quem pudesse lhe ensinar algo sobre a escrita.

Flannery dedicou-se com afinco. Paul Engle escreveu:

> Seu desejo de ser escritora era inabalável; nada poderia vencê-lo, nem mesmo sua sensibilidade em relação à própria obra. Cortar, editar, recomeçar [...]. Sentada no fundo da sala, em silêncio, Flannery estava mais presente do que os tagarelas que enchiam cada aula de escrita com seu ruído[3].

Ela levava implacavelmente a sério o desejo de escrever melhor, e nenhum ego ou falsa modéstia poderia impedi-la.

Quando ficcionistas experientes como Robert Penn Warren e Andrew Lytle – ambos professores convidados em Iowa – ofereciam bons conselhos, ela os acatava, mais interessada em escrever melhor do que em defender seu ponto de vista. Flannery O'Connor era altamente consciente de seu dom, mas não se considerava infalível e estava sempre aberta a qualquer conselho que a ajudasse a ser

---

(3) Ibid., p. viii.

mais fiel à sua visão artística. Por outro lado, de acordo com o seu amigo Robert Macauley, ela não aceitava todas as sugestões de Engle, que a via como sua protegida. Achou, por exemplo, que as observações sobre *Sangue sábio* não faziam muito sentido[4].

Encorajada por Paul Horgan, monitor do programa, Flannery estabeleceu uma rotina disciplinada de escrita que foi o alicerce de sua obra e de sua vida até o fim de seus dias. Anos depois, ela escreveria a uma amiga: «Acredito sem reservas na disciplina de escrita, por mais trivial que isso possa parecer. Talvez seja possível conseguir sem ela se você for um gênio, mas a maioria de nós tem apenas talento, e o talento é algo que deve ser auxiliado o tempo todo por hábitos físicos e mentais; caso contrário, ele resseca e se esvai»[5].

Se havia lido pouco em sua vida anterior, em Iowa Flannery corrigiu a situação. «Ali, comecei a ler tudo de uma vez», escreveu, «e de tal forma que não tinha tempo de ser influenciada por nenhum outro escritor». O gênio natural que havia sido moldado pelas histórias do Uncle Remus e pelo exemplar de *The Humorous Tales of E. A. Poe* (assim como por São Tomás de Aquino e os antigos) passou a ser orientado por romancistas católicos como François Mauriac, Georges Bernanos, Léon Bloy, Graham Greene e Evelyn Waugh; por escritores sulistas como William Faulkner, Allen Tate, Caroline Gordon Tate, Katherine Anne Porter, Eudora Welty e Peter Taylor; pelos russos Dostoiévski, Turguêniev, Tchekhov e Gógol; e mesmo por «doidos» como Djuna Barnes, Dorothy Richardson e

---

(4) Cash, p. 81.
(5) *The Habit of Being*, p. 242.

Virginia Woolf. Leu Hawthorne (cujo uso do termo *romance* no lugar de *novel* a agradava), Flaubert, Conrad, Balzac e Kafka. Os críticos, a propósito, chegariam a comparar suas obras às de Kafka, embora ela insistisse que nunca havia lido até o fim nada do que ele escreveu[6].

Para a nossa surpresa, O'Connor foi fortemente influenciada por um... manual: o *Understanding Fiction,* do já mencionado Robert Penn Warren e Cleanth Brooks. Mais tarde, ela falaria com certo desdém sobre a abordagem acadêmica da escrita e da literatura; antes, porém, *Understanding Fiction* tornou-se o primeiro livro com que teve contato que reunia seus próprios instintos narrativos num conjunto de normas.

Era um tanto perceptível que, mesmo no ambiente exclusivo do Programa de Formação de Escritores de Iowa, Flannery tinha algo de especial, que era dona de um talento superior ao de todos os seus talentosos colegas. À medida que os escritores chegavam para ensinar, dedicavam-lhe uma atenção peculiar. Andrew Lytle, que dirigiu o Programa durante o último semestre de Flannery ali, descreveu-a como a «única aluna dotada de um talento excepcional». John Crowe Ransom leu um de seus contos em aula durante sua visita, embora tenha repudiado o uso da palavra inglesa *nigger*. Em vez disso, optou por *negro*. «Isso acabou com a história», contou Flannery a Robie Macauley. «As pessoas sobre as quais eu estava escrevendo não usariam outra palavra»[7].

Se os professores dedicavam-lhe uma atenção particular, seus colegas de classe – em sua maioria veteranos

---

(6) Ibid., p. 98.
(7) *A Life of Flannery O'Connor*, pp. 124-125.

de guerra – tendiam a humilhar aquela mulher jovem e inexperiente ali no meio deles. Os homens da turma quase sempre escreviam histórias de guerra e apreciavam os trabalhos uns dos outros, ignorando a produção das três mulheres da sala. Nenhum deles, entretanto, destacou-se como escritor. Kay Buford, uma das outras duas mulheres da sala, lembrou-se de pelo menos uma ocasião em que um dos contos de Flannery O'Connor recebeu menos atenção do que merecia. Também lembrou, contudo, que Flannery não demonstrava muito interesse pelos trabalhos alheios, o que explicaria mais a reação de seus colegas do sexo masculino do que um suposto comportamento sexista[8].

Não levou muito tempo para que a escrita de Flannery O'Connor começasse a ser reconhecida fora do Programa. Em fevereiro de 1946 – quando de seu segundo semestre em Iowa –, ela enviou um conto chamado «O gerânio» para o jornal *Accent*. O conto foi aceito. Ela ainda não tinha nem 21 anos de idade.

«O gerânio» é um conto sobre a troca do campo pela cidade, sobre uma saudade quase patológica de casa, trazendo um deslocado senhor sulista que se vê perdido diante dos costumes sociais da cidade de Nova York. O conto aborda temas que caracterizarão a ficção de Flannery pelo resto de sua vida. E o último conto que ela terminou antes de morrer foi uma reescrita deste seu primeiro conto publicado.

Naquele outono, Flannery começou a escrever um romance. O conto que chamou de «O trem» se tornaria, depois de considerável revisão, o primeiro capítulo de

---

(8) Cash, pp. 82-83.

Sangue sábio. Voltando do exército, Hazel Wickers (seu sobrenome seria alterado para Motes) fica lado a lado com o maleiro negro que ele acredita ser de sua cidade natal, Eastrod, Tennessee. O homem é consideravelmente mais digno do que o jeca que tenta insultá-lo e tratá-lo com ar de superioridade. Hazel está voltando para casa e para um novo mundo. Ou melhor: ele não tem propriamente uma casa. As poucas famílias que haviam permanecido em Eastrod quando ele partiu tinham já ido embora quando de seu retorno. Sua mãe falecera. E ele está a caminho da grande cidade de Taukinham, onde mora sua irmã mais velha – um lugar que lhe é tão estranho quanto a Pérsia. Hazel é um homem em movimento que não tem para onde ir.

«O gerânio» e «O trem» foram dois dos seis contos que constituíram a dissertação de Flannery O'Connor, entregue em maio de 1947. Os outros eram «O barbeiro», «Gato selvagem», «A colheita» e «O peru». Tratava-se de textos impressionantes para uma escritora tão jovem, que completou 22 anos na primavera em que concluiu o curso. Os temas e situações a que dedicaria toda a sua atenção pelo resto da vida já se fazem presentes nessa pequena coletânea: raça, classe, o conflito entre uma visão intelectualizada de mundo e do homem, de um lado, e a sabedoria do povo, de outro – com a sabedoria do povo levando a melhor sempre...

Ainda assim, esses contos são, em essência, juvenis. Flannery ainda procurava sua voz enquanto escrevia essas histórias. «A colheita», embora já tivesse o humor mordaz que caracterizaria sua escrita posterior, é quase irreconhecível como obra sua. Mesmo as histórias que são claramente *flannerianas* o são de maneira menos contundente. Como em suas histórias posteriores, seus personagens estão sujeitos a percepções dolorosas no final, mas as apostas não parecem tão altas; a repentina revelação da verdade no fim pode atingir o personagem como um soco no estômago, mas não como um raio, que é o que acontece em seus contos maduros. Nessas primeiras histórias, Flannery está apenas começando a tatear o poder verbal e simbólico, aquela visão apocalíptica que tornou sua obra tão especial. Como afirma Paul Elie, «há algo de essencial que ainda falta nessas histórias. Elas têm todos os modos, mas nenhum mistério»[9].

Não obstante, os textos de Flannery eram bons o suficiente para serem publicados. A *Sewanee Review* comprou «O trem» e a *Mademoiselle*, «O peru». Os dois foram publicados em 1948. Além disso, «O trem», junto de mais três outros capítulos de *Sangue sábio*, fez Flannery vencer o respeitado prêmio Rinehart-Iowa. A editora Rinehart a premiou com 750 dólares – uma quantia impressionante, considerando que a bolsa de Flannery era, na época, de vinte dólares por mês (o que já representava um aumento em comparação com os sessenta dólares semestrais que ela recebeu no primeiro ano em Iowa). Em troca, a Rinehart tinha a preferência pelos direitos do romance quando Flannery o terminasse.

Com a conclusão de seus estudos na primavera de 1947, Flannery ganhou uma bolsa que a permitia voltar a Iowa para continuar os estudos. Naquele ano, ela seguiu trabalhando em seu romance e fez amizades literárias importantes, que durariam o resto de sua vida. Robie Macauley era especialista em literatura russa e se forma-

---

(9) *The Life You Save May Be Your Own*, p. 149.

ra no Kenyon College, em Ohio, onde havia sido aluno de John Crowe Ransom. Além de acadêmico, Macauley também passara algum tempo no mundo editorial, trabalhando como um dos editores da Henry Holt.

Robert e Flannery se deram bem de imediato. Anos depois, ele disse algo sobre ter «saído» com Flannery em Iowa, embora viesse a esclarecer que não houve nenhuma relação romântica entre os dois. Ao que parece, Macauley teve um papel importante no desenvolvimento social de O'Connor. Ela sempre se mostrara profundamente esquisita em sua vida social; parecia sempre dizer as coisas erradas. De acordo com Walter Sullivan, um amigo em comum, Macauley aparou as arestas de Flannery e a ajudou a relaxar em situações assim. Flannery logo desenvolveu o dom de fazer amizades, em especial com pessoas dadas à leitura – algo que estivera em falta durante seu crescimento. Levando-a a festas, apresentando-a a seus amigos literatos, Robert conseguiu ajudar Flannery a desenvolver essa capacidade latente[10].

No início de 1948, Andrew Lytle, editor do *Sewanee Review*, foi a Iowa para coordenar o Programa durante a ausência de Paul Engle, que estava de licença. Ele auxiliou Flannery em seu romance. Como palestrante convidado um ou dois anos antes, já tinha reconhecido o talento da jovem escritora, mas ainda ficava um tanto nauseado com seus escritos. «Ficções sobre caipiras o desanimavam, acho», disse Robert[11]. Quando *Sangue sábio* foi publicado, em 1952, estava muito diferente do texto que Lytle havia visto, mas ele não ficou especialmente satisfeito

---

(10) *A Life of Flannery O'Connor*, pp. 141-142.
(11) Cash, p. 87.

com o resultado final – e de tal modo que negou quando o editor da Shenendoah pediu-lhe que o revisasse. «Não sei o que pensar», escreveu. Lytle ficara desmotivado com a insistência no tema religioso: «Há certa inclinação à Velha Igreja por parte de alguns dos meus colegas, e temo que esse estranho fervor esteja confundindo sua arte»[12].

No entanto, qualquer que fosse a opinião de Lytle sobre o resultado final, na primavera de 1948 ele recomendou vivamente Flannery O'Connor à Yaddo, residência artística de verão em Saratoga Springs, Nova York. Segundo ele, Flannery era «uma promessa diferente de qualquer outra que eu tenha encontrado em sua geração»[13]. A jovem foi aceita. Partiu para Nova York no início de junho de 1948, com planos de voltar a Iowa no outono, para uma bolsa docente de um ano.

No fim das contas, ela jamais voltaria a frequentar o ambiente universitário, exceto como palestrante convidada. Doravante, suas contribuições seriam dadas na condição de escritora, e não de acadêmica.

---

(12) Ibid., p. 88.
(13) *A Life of Flannery O'Connor*, p. 146.

4

«A peculiaridade [...] da experiência que descrevo»

Nova York e Connecticut, 1948-1950

Além das próprias editoras de Nova York, se havia lugar mais próximo do epicentro das letras americanas que não o Programa de Formação de Escritores de Iowa, esse lugar era a Residência Artística de Yaddo. Construída numa área de quatrocentos acres em Saratoga Springs, Nova York, Yaddo fora estabelecida como lugar em que os artistas – escritores, compositores e artistas visuais – poderiam produzir suas obras «sem interrupções e em ambiente propício».

Os fundadores de Yaddo eram Spencer e Katrina Trask. Spencer foi um economista da Era de Ouro – financiador de Thomas Edison e presidente da companhia que se tornou a Consolidated Edison, primeira empresa de energia do mundo. Katrina era poeta. Quando o falecimento de seus quatro filhos os deixou sem herdeiros imediatos, os Trask decidiram destinar sua propriedade no campo às futuras gerações de escritores e artistas. Um artigo da revista *Time* de 1938 descreve o momento em que Katrina vislumbrou o futuro da Yaddo, durante uma caminhada com o marido pela mata ainda virgem.

> Haverá aqui uma série sem fim de festas particulares – de homens das letras, mulheres das letras e outros artistas [...]. Em Yaddo encontrarão eles o Fogo Sagrado e acenderão suas tochas com essa chama. Veja, Spencer! Estão caminhando nos bosques, vagando pelo jardim, sentados sob os pinheiros, [...] criando, criando, criando![1]

Katrina Trask provavelmente ficaria satisfeita com o desenlace. Em 2011, os escritores de Yaddo haviam ganhado 66 prêmios Pulitzer, 61 National Book Awards, 24 National Book Critics Circles e um Nobel.

Na época de Flannery O'Connor, a Yaddo era administrada por Elizabeth Ames, que exercia um controle quase ditatorial em relação a quem entraria na residência e por quanto tempo poderia ficar ali; era, ao mesmo tempo, bastante cuidadosa com as necessidades dos artistas que ali se encontravam, cuidando do local com grande eficiência.

O lugar causou em Flannery uma impressão bastante positiva. Ao incentivar a amiga Cecil Dawkins a tentar uma bolsa cerca de dez anos depois, suas palavras foram bastante lisonjeiras: «A comida é boa. Os quartos são elegantes. Os funcionários são ótimos. O cenário é magnífico»[2]. Tudo na experiência de Yaddo fora pensado para

---

(1) *Time*, 5 de setembro de 1938. Também em *Beautiful Shadow: A Life of Patricia Highsmith*.

(2) *The Habit of Being*, p. 362.

«A PECULIARIDADE [...] DA EXPERIÊNCIA QUE DESCREVO»

dar ao artista a liberdade de criar. Cada cuidado, cada conforto, tinha esse objetivo. Além de seus próprios aposentos, Flannery tinha um estúdio – embora, como disse a Cecil Dawkins, preferisse escrever apenas em seu quarto. Todas as manhãs, depois do café, os artistas seguiam a seus estúdios para trabalhar, levando consigo uma refeição embalada. Durante aquelas horas de trabalho, reinava um silêncio monástico.

Além da liberdade para criar, os residentes de Yaddo tinham outras liberdades. Os artistas, uma multidão de beberrões, organizavam festas com frequência. Flannery contou que compareceu a uma ou duas, «mas sempre foi embora antes que começassem a quebrar coisas». Em sua cartilha para Cecil Dawkins, ademais, falou com reprovação sobre os hábitos sexuais de Yaddo: «Num lugar assim, pode-se esperar ver todo mundo dormindo com qualquer um... Não é pecado, mas Experiência, e, se você não dorme com alguém do sexo oposto, fica implícito que dorme com alguém do mesmo sexo [...]. Na mesa do café da manhã falam sobre barbitúricos e Seconal, e agora talvez sobre maconha»[3]. Flannery ia à Missa com os funcionários, que ela considerava moralmente superiores aos artistas a quem serviam. Ela parecia sentir que tinha mais em comum com eles do que com seus colegas. «Depois de algumas semanas em Yaddo», observou, «tudo o que você quer é falar com um corretor de seguros, com um funcionário de canil, com um pedreiro – com qualquer pessoa que não esteja falando em Fórmulas ou remédios para dormir»[4].

---

(3) Ibid., p. 364.
(4) Ibid., p. 487.

Em Yaddo, havia muitos artistas que não produziam nada. Flannery alertou amiga para que não fosse sugada pelas atividades extracurriculares: «Há como sobreviver a esse ambiente cuidando do próprio trabalho e tendo muito trabalho para cuidar, e não com receio de parecer diferente de todos»[5]. Flannery de fato cuidou de seu trabalho em Yaddo. Seu período de seis semanas ali foi quase todo dedicado a reescrever dois capítulos de *Sangue sábio* – capítulos que foram publicados de maneira independente como «O descascador» e «O coração do parque». O romance realmente começou a ganhar forma ali. Foi em Yaddo que o elenco de entusiastas rurais chegados à cidade, vendedores ambulantes e aberrações de circo começou a se reunir.

«O descascador» é o capítulo em que ouvimos falar de Enoch Emery pela primeira vez, assim como Asa e Sabbath Lily Hawks. O cenário é urbano, embora muitos de seus personagens sejam rurais. Nessa pequena amostra de *Sangue sábio*, Enoch é muito mais expressivo que Hazel Motes, o personagem principal do romance. Motes está fugindo de Jesus nesses primeiros capítulos, mas ainda não é o antiprofeta que se tornará na versão final. Nos dois capítulos seguintes que foram publicados como contos – «Um golpe de sorte» e «Enoch e o gorila» –, Hazel Motes ainda está quase totalmente ausente. Só veio a formar-se por completo depois de Flannery sair de Yaddo.

Flannery mal se havia acomodado em seu quarto em Yaddo quando, a partir da recomendação de um colega escritor, escreveu à agente Elizabeth Mckee. Sua abordagem foi direta: «Cara senhorita Mckee, estou procurando uma agente».

---

(5) Ibid., p. 487.

«A PECULIARIDADE [...] DA EXPERIÊNCIA QUE DESCREVO»

Elizabeth aceitou Flannery como cliente. O relacionamento profissional – e a amizade – das duas perdurou ao longo dos anos seguintes. A sócia de Elizabeth era uma mulher mais velha chamada Mavis McIntosh, que havia sido a primeira agente de John Steinbeck. Com sua eterna maestria em descrever detalhes, Flannery certa vez descreveu as agentes assim a Maryath Lee: «A sra. McIntosh é alguém que senta à mesa de chapéu e Elizabeth Mckee é uma jovem que fala com o canto da boca, qual uma criança educada e sem futuro»[6].

Quando o período de seis semanas de Flannery em Yaddo acabou, no fim de julho, Elizabeth Ames a convidou a voltar em setembro e ficar até o fim do ano. Flannery já havia recebido uma oferta de bolsa de estudos em Iowa, mas recusou-a para aceitar a oportunidade de voltar a Yaddo, numa decisão que não agradou em nada a sua mãe, sempre tão prática[7].

Depois de passar seis semanas na Geórgia, Flannery voltou para um grupo muito menos numeroso de artistas em meados de setembro. Havia em Yaddo somente quinze convidados desta vez, entre os quais Elizabeth Hardwick, romancista e escritora da *Partisan Review*; Malcolm Cowley, editor do *New Republic*, membro do conselho da Yaddo e veterano no cenário dos americanos expatriados em Paris na década de 1920; e Robert «Cal» Lowell, poeta e estrela literária em ascensão.

O belo Lowell era sem dúvidas a personalidade mais atraente do grupo de Yaddo naquele outono. Convertido ao catolicismo, mas nascido numa família protestante de

---

(6) Ibid., p. 204.
(7) *Collected Works*, p. 1243.

alta classe em Boston, ele havia ganhado o prêmio Pulitzer de poesia no ano anterior. Como estudante, evitara as universidades da Ivy League – o caminho mais óbvio para um jovem de sua posição social – e escolhera a Kenyon College, onde Allen Tate e John Crowe Ransom eram nomes de destaque. Lowell era dado a grandes gestos. No seu primeiro dia em Kenyon, perguntou bem-humorado a Tate se eles poderiam morar juntos. Tate entrou na brincadeira e respondeu que ele seria bem-vindo se quisesse montar uma barraca em seu quintal. Então Lowell comprou uma cabana para cães, colocou-a no quintal de Tate e morou ali por dois meses.

Lowell gostou de Flannery O'Connor de imediato. A síntese de Brad Gooch é bastante precisa: «Os sentimentos de Robert Lowell por Flannery não eram românticos, mas carregavam uma grande admiração por seu catolicismo e seu excepcional talento literário sulista»[8]. Flannery, por sua vez, ficou obcecada pelo belo poeta, embora não fique manifesto se seus sentimentos foram românticos. «Ele é alguém que amo», disse certa vez a Betty Hester[9].

Flannery trabalhou em seu romance ao longo do outono, e em meados de outubro soube que poderia ficar ali até março. No inverno, os quinze residentes diminuíram para cinco: Flannery e mais quatro rapazes, entre eles Cal Lowell.

Embora Lowell tenha se convertido ao catolicismo durante seu primeiro casamento, com Jean Stafford, ele não era praticante à época em que chegou a Yaddo. Durante aquele inverno, porém, sem dúvida devido à influência

---

(8) *A Life of Flannery O'Connor*, p. 160.
(9) *The Habit of Being*, p. 152.

de Flannery, iniciou um lento processo de retorno à fé católica. «Naquele inverno, pude perceber seu retorno à fé católica», disse ela. «Eu não tive nada a ver com isso, mas é claro que foi uma grande alegria»[10].

Em vez de voltar para casa no Natal, Flannery passou o recesso em Yaddo. O ano seguinte, 1949, trouxe Elizabeth Hardwick de volta à residência de artistas. Elizabeth, Robert e Flannery tornaram-se um trio inseparável. Flannery acompanhou o envolvimento de Robert com Elizabeth e, alguns meses depois de deixarem Yaddo, também o casamento dos dois.

A jovem continuou aproveitando ao máximo seu tempo na residência de artistas. Em janeiro, já havia esboçado nove dos catorze capítulos de *Sangue sábio*. John Selby, da Rinehart, dissera que não queria discutir um possível contrato até ver uma primeira versão completa do livro. Flannery, porém, pediu a Elizabeth Mckee que encaminhasse os nove capítulos a Selby para ver se ele estaria disposto a negociar um adiantamento baseado no trabalho que já havia feito.

Parte do entusiasmo de Flannery devia-se a que outro editor demonstrara interesse por *Sangue sábio*. Alfred Kazin, colega de Yaddo, era do conselho da Harcourt, Brace e havia falado sobre o livro com o editor Robert Giroux. Giroux, ao ver a força dos dois capítulos que já haviam sido lançados, ficou interessado. Flannery esperava ansiosa pela resposta de Selby, a fim de ver como as coisas se desdobrariam.

Selby não fora especialmente arrebatado pelos nove capítulos que leu. Sugeriu algumas revisões como condição

---

(10) Ibid., p. 152.

para a publicação do livro. No passado, Flannery estivera disposta a escutar críticas e levá-las a sério. As sugestões de Selby – e o seu tom –, no entanto, a desanimaram por completo. Segundo ela, ele ignorara a ideia de seu livro e estava sendo condescendente na negociação. Flannery escreveu a Elizabeth McKee: «A carta parece ter sido dirigida a uma escoteira, e não consigo manter a compostura ao lidar com pessoas assim durante a vida inteira»[11].

Elizabeth e Flannery concordaram que seria melhor para Flannery conversar pessoalmente com Selby em vez de tentar definir as coisas por carta. Porém, de acordo com a experiência de Flannery, Selby em geral falava «o mínimo possível, o mais vagamente que podia». Então, escreveu-lhe uma carta com a intenção de lhe oferecer algo concreto a responder:

> Sinto que quaisquer pontos positivos que o romance tenha estão bastante relacionados com as limitações que você menciona. Não ando a produzir um romance convencional, e creio que a qualidade do romance que escrevo virá precisamente da peculiaridade ou da solidão, caso você assim prefira, da experiência a partir da qual escrevo. [...] Em suma, sou receptiva a críticas, mas apenas dentro do campo do que estou tentando fazer; não serei persuadida a fazer de outra maneira. A versão final do livro, embora mais lapidada, será tão estranha, quiçá mais, do que os nove capítulos que você tem em mãos. A questão é: a Rinehart estaria interessada em publicar um romance desse tipo?[12]

---

(11) Ibid., p. 9.
(12) Ibid., p. 10.

Na semana seguinte, quando Flannery encontrou John Selby, os dois permaneceram num impasse. Flannery disse ao editor que estaria disposta a ouvir as críticas dos editores, mas recusava-se a ter de acatar qualquer uma delas. E, num impasse ainda maior, sentia que não poderia continuar escrevendo sem que recebesse mais dinheiro da editora além daqueles 750 dólares que haviam sido pagos pelo prêmio Rinehart-Iowa. Selby, por sua vez, não estava disposto a pagar-lhe qualquer quantia antes de ver o livro finalizado.

Ao relatar resumidamente a questão para Paul Engle, ela escreveu: «Não deixarei que a Rinehart me apresse e me controle. Creio que estão interessados em algo convencional, e nada me deu a entender que sejam muito inteligentes. Sinto, no fundo, que não se importam em perder U$750 (ou, como eles mesmos colocaram, Setecentos e Cinquenta Dólares)»[13].

Ela também disse a Engle que «Selby e eu chegamos à conclusão de que eu era "prematuramente arrogante". A frase foi minha». Ao ser encorajada por Giroux, da Harcourt, Flannery ficou ansiosa por se libertar da Rinehart.

Bem no meio da confusão com John Selby, a jovem viu-se envolvida em outro mal-entendido na Yaddo. Cal Lowell, politicamente conservador segundo os padrões dos escritores da Costa Leste, ficara incomodado com a presença da romancista e jornalista Agnes Smedley ali. Amiga pessoal de Elizabeth Ames, Smedley só estava na Yaddo por vontade de Ames, e isso há cinco improdutivos anos. Além de ser amiga de Ames, Smedley também era simpatizante comunista e havia sido acusada pelo

---

(13) Ibid., p. 14.

exército de ser espiã soviética. O exército logo retirou a acusação, embora algumas revelações posteriores viessem indicar que ela era, sim, espiã[14].

Lowell não concordava com aquilo e reuniu-se com o conselho de Yaddo para pedir que Ames fosse expulsa. O conselho não ignorou os apelos de Lowell, mas agendou uma audiência da qual Lowell participou como advogado de acusação, analisando e interrogando testemunhas, incluindo Flannery O'Connor. No fim, o conselho ficou ao lado de Ames, e os quatro residentes restantes – Lowell, Hardwick, Flannery e Edward Maisel – tiveram de deixar o local abruptamente.

Assim como Elizabeth Hardwick e Cal Lowell, Flannery foi para Nova York. Lá, morou por algum tempo no apartamento dos dois, quando então alugou um dormitório para si na residência da YMCA, na 38th Street com a Lexington Avenue, ao custo de dois dólares ao dia.

Não fazia nem uma semana que Flannery estava em Nova York quando Cal Lowell começou a agir de maneira mais estranha que o normal. Na Quarta-feira de Cinzas, segundo a descrição do próprio Lowell, a conversão que se havia iniciado nos meses anteriores estava completa, e ele havia «assimilado o impacto da palavra eterna». Lowell «voltou à Igreja [...] numa incrível demonstração de graça»[15]. Logo ficou visível, entretanto, que o equilíbrio mental de Lowell estava comprometido. De certa forma, em suas visões mais febris, ele chegou a ver Flannery O'Connor como uma santa. Num telefonema de 4

---

(14) Ver a biografia de Ruth Price, *The Lives of Agnes Smedley*, UP, Oxford, 2005.

(15) *The Life You Save May Be Your Own*, p. 174.

de março a Robert Fitzgerald, anunciou que «hoje é o dia de Flannery O'Connor, cuja santa padroeira é Teresa de Lisieux». Ele se dizia profeta e pediu a Robert Fitzgerald que pegasse caneta e papel para anotar as visões que descreveu ao telefone.

Alfred Kazin relacionou a mania de Lowell com outros grandes poetas do passado: «Ele estava no auge de uma crise psíquica que duraria toda a estação; naquele momento, falava em línguas e estava sempre acompanhado de Milton, Hardy e Eliot»[16]. Os discursos inflamados de Lowell logo se tornaram assunto dos círculos literários de Nova York. Para Flannery, foi o mais perto que ela pôde chegar do tipo de obsessão religiosa que logo daria as caras em sua ficção.

Anos depois, uma colega soube desse episódio com Lowell e questionou Flannery sobre o assunto. «Sinto tanto por ele que sou incapaz de chegar ao centro da questão», escreveu. «É uma grande mágoa para mim»[17]. Não muito tempo depois de sua «reconversão», Lowell foi internado num sanatório. Flannery descreveu o acontecimento:

> Enquanto tudo isso acontecia, o pobre Cal estava a um passo do sanatório. Em suas alucinações, acreditava ter sido chamado para certo tipo de missão de purificação, e estava canonizando qualquer um que tivesse alguma relação com suas circunstâncias. [...] Em poucas semanas ele estaria a salvo, trancado. Seria cômico se não fosse tão terrível. [...] As coisas foram se dando cada vez mais rápido, mais rápido e mais

---

(16) Cash, p. 114, citação do *New York Jew*, p. 204.
(17) *The Habit of Being*, p. 152.

rápido com ele, até que achei que o eletrochoque poderia ser uma solução. Foi um sofrimento para mim, era como se ele tivesse morrido. Quando saiu dali, não era mais católico[18].

Antes de perder a sanidade, Lowell apresentou Flannery a duas pessoas que estariam entre as mais importantes de sua vida. Robert e Sally Fitzgerald eram estudiosos e católicos fervorosos. Robert trabalhava como tradutor, e na época dedicava-se a *Édipo rei*. Ele descreve o primeiro contato com Flannery O'Connor no prefácio do livro *Tudo o que se eleva deve convergir*: «Vimos uma garota tímida da Geórgia, com o rosto em formato de coração, pálido e abatido, dotada de olhos delgados que poderiam parar de franzir e abrir-se brilhantemente diante de tudo. [...] Antes que fosse embora, naquele mesmo dia, pudemos vislumbrar seu conhecimento e seu humor sarcástico»[19].

Os Fitzgerald moravam com os dois filhos em Manhattan, mas estavam prontos para se mudar. No verão de 1949, compraram uma casa perto de Ridgefield, Connecticut. O imóvel tinha um apartamento sobre a garagem. Como precisavam de um inquilino para ajudar a pagar o aluguel, e como achavam que Manhattan não era um bom lugar para Flannery, a convidaram para morar com eles, como uma espécie de hóspede pagante.

Embora o apartamento sobre a garagem dos Fitzgerald não fosse luxuoso, Flannery achou Connecticut muito mais agradável do que Manhattan. «Eu e Enoch

---

(18) Ibid., p. 395.
(19) *Everything that Rises Must Converge*, p. xiii.

[de *Sangue sábio*] estamos vivendo nos bosques de Connecticut com os Fitzgerald», escreveu a Robie Macauley. «Enoch não gostou muito de Nova York. Disse que ali não havia privacidade»[20].

Flannery logo estabeleceu uma rotina. De manhã, ia à Missa com algum dos Fitzgerald (o outro ficava em casa para cuidar das crianças) e, ao voltar para casa, trabalhava toda a manhã. Ao meio-dia, caminhava oitocentos metros para buscar a correspondência e enviar a carta que escrevia diariamente à mãe. À tarde, cuidava dos filhos de Robert e Sally e fazia as refeições com a família. «Todos os dias, antes das refeições, eles diziam a prece beneditina em latim, enquanto a comida esfriava», observou Flannery. «Eu preferiria expressar minha gratidão comendo com gosto enquanto a comida ainda estivesse quente»[21].

Depois do jantar, quando as crianças eram colocadas na cama, Sally, Robert e Flannery sentavam-se para beber algo. Flannery contava-lhes histórias da vida na Geórgia e lia as páginas de *Sangue sábio* que havia escrito em seu apartamento. Robert as atualizava sobre sua tradução. Tratava-se de uma conversa estimulante; era tanto divertida quanto erudita. O falatório sobre livros estimulava o trabalho de Flannery. Foram dias produtivos, aqueles em Connecticut, nos quais ela escrevia e reescrevia, repousando e recuperando-se. Os Fitzgerald criaram um ambiente quase ideal para uma escritora como Flannery, que precisava ficar sozinha durante horas, mas que também realizava-se ao fazer parte de uma família. Quando o terceiro filho do casal nasceu, foi ela a madrinha.

---
(20) *The Habit of Being*, p. 21.
(21) Ibid., p. 161.

Flannery alcançava excelente progresso em seu romance, mas sua publicação era ainda incerta. Na Rinehart, Selby não fez mais qualquer esforço por comprar o livro, mas tampouco o recusara explicitamente. Por outro lado, da Harcourt, Brace, Robert Giroux enviara-lhe um contrato provisório. Flannery julgava não haver impedimento legal em assinar o contrato da Harcourt, mas, como sinal de respeito à sua agente, enviou uma carta a Selby dando-lhe uma última chance de responder antes que assinasse o contrato com a concorrente.

A carta-resposta de Selby, por fim, descrevia Flannery como uma pessoa «que não colaborava», que era «teimosa e antiética»[22]. Flannery recebeu a resposta como um insulto – um sinal claro de que nunca mais poderia contar com Selby. Mesmo assim, a fim de evitar qualquer acordo antiético, enviou a Selby uma última versão do manuscrito em março, quando acreditava estar quase no fim. Harcourt e Giroux permaneceram em suspenso.

Flannery O'Connor voltou a Milledgeville no Natal de 1949. Enquanto estava ali, passou por uma cirurgia para tratar de um «rim flutuante» – condição em que o rim se move pela cavidade abdominal, causando às vezes bastante desconforto. «Preciso ir ao hospital na sexta-feira, pois tenho um rim pendurado na costela»[23], escreveu a Elizabeth e Robert Lowell. A operação foi um sucesso, e em janeiro ela já estava de volta a Connecticut para concluir o romance.

Se 1949 havia sido o ano de Enoch Emery, 1950 foi o de Hazel Motes. O personagem principal de *Sangue*

---

(22) Ibid., p. 161.
(23) Ibid., p. 20.

sábio tomou forma nos bosques de Connecticut. Robert Fitzgerald escreveu sobre a inesperada vantagem que foi, para Flannery, conviver com um tradutor de tragédias gregas: «No verão de 1950, quando Flannery havia chegado a um impasse com Haze e não sabia como chegar ao fim, leu pela primeira vez as peças de Édipo. Terminou a história com Motes cegando a si mesmo e teve de trabalhar todo o restante da história a fim de prepará-la para isso»[24].

No verão de 1950, quatro anos depois de ter começado, o primeiro rascunho de *Sangue sábio* estava completo. Fizeram-se os arranjos com as editoras – a Rinehart optou por não exercer seu direito, enquanto a Harcourt celebrou a posse do livro.

Enquanto datilografava o manuscrito, alguns dias antes de voltar mais uma vez a Milledgeville para o Natal, Flannery percebeu que o movimento de datilografar causava em seus braços um peso que ela nunca havia sentido antes. Quando a situação piorou, os Fitzgerald levaram-na ao médico da família, que disse acreditar que aquela jovem de 25 anos tinha artrite – artrite reumatoide, talvez – e a aconselhou a ir ao hospital quando chegasse à Geórgia. Ninguém tinha a menor ideia do quanto sua vida iria mudar.

---

(24) *Everything That Rises Must Converge*, p. xiii.

5

A doença é um lugar
1951-1952

Em dezembro de 1950, Flannery O'Connor embarcou num trem que a levaria de Connecticut à Geórgia para visitar a família. Usava uma boina num ângulo elegante – chapéu típico dos intelectuais expatriados. E, em Connecticut, parecia mesmo adequada ao papel de sulista expatriada. Nunca se habituara às travessuras boêmias de Yaddo, e Manhattan tampouco a agradara; em Ridgefield, no entanto, ela encontrou uma vida que era tanto vigorosamente literária quanto confortavelmente doméstica. Fazia parte da vida familiar dos Fitzgerald na medida em que era de seu agrado, mas também tinha tempo e espaço para produzir. Durante as noites, desfrutava da companhia e das conversas intelectuais de seus amigos, com quem nutria muitas afinidades. Ao mesmo tempo literata e caseira – mas também convencida de que, pelo bem de sua arte, deveria viver em outro lugar que não a sua casa –, Flannery não poderia esperar uma situação melhor.

As coisas pareciam caminhar muito bem para a brilhante jovem de 25 anos que Sally Fitzgerald acompanhou até o trem em Connecticut. Flannery passaria algumas semanas com seus familiares e depois voltaria para o sótão sobre a garagem dos Fitzgerald, a fim dedicar-se à reta final do romance no qual ela estivera trabalhando desde 1947. Sally Fitzgerald observou que Flannery sorria, «talvez um pouco abatida», e percebeu certa rigidez em seu modo de caminhar; por outro lado, também parecia «muito como sempre» quando a viu afastar-se[1].

No trem, durante o dia de viagem rumo à Geórgia, uma febre alta tomou conta de Flannery. Quando o tio Louis Cline foi buscá-la na estação de trem, ela parecia, segundo ele, «uma senhora enrugada».

«Nunca estive em outro lugar, senão doente», escreveu mais tarde a autora. «Em certo sentido, a doença é um lugar, mais instrutivo do que uma longa viagem à Europa, e é sempre um lugar onde não se tem companhia, aonde ninguém mais pode chegar»[2]. Aquela viagem de trem não fora somente uma viagem de Connecticut à Geórgia. Ali, Flannery O'Connor moraria pelos treze anos e meio que ainda lhe restavam.

O tio Louis a levou imediatamente ao Baldwin General Hospital, em Milledgeville, onde foi internada. O diagnóstico inicial fora de artrite reumatoide – uma enfermidade séria, que possivelmente a acompanharia por toda a vida, mas não necessitava de tratamento permanente. Seus médicos aplicaram-lhe altas doses de cortisona para conter as inflamações nas articulações.

---

(1) *The Habit of Being*, pp. 21-22.
(2) Ibid., p.163.

Flannery passaria as festas de fim de ano – e muito mais – no hospital. Como de costume, em suas cartas ela tratou toda a questão como motivo de piada e com anedotas divertidas. A Betty Boyd, sua velha amiga, escreveu:

> Estou definhando no leito, em quase total aflição, desta vez com *ARGHTRITE* ou, em sua forma completa, artrite reumatoide severa, que lhe deixa com uma vontade permanente de sentar, recostar-se, deitar, etc. Mas estou tomando cortisona, então ficarei em pé novamente. Nesses tempos as doenças psicossomáticas sequer permitem que a gente descanse[3].

O humor e a sutileza – não seria uma doença psicossomática o que a manteria no hospital durante o Natal – caracterizariam a forma como Flannery viria a falar sobre sua enfermidade pelo resto da vida. Seu humor carecia de todo e qualquer pudor; sem dúvida valia-se dele como uma maneira de evitar as duras condições de sua situação, uma vez que compreendeu quão grave ela era. Seu senso dramático deveras astuto foi algo que ficou encerrado e reservado à sua arte. Mesmo depois de compreender a gravidade de seu estado, Flannery jamais utilizou sua força dramática para compadecer-se de si mesma. Nesse sentido, ela agia na contramão da hipocondria.

Leves estados febris acompanhavam a inflamação da artrite reumatoide. No entanto, quando as febres mais fortes persistiram mesmo depois de semanas de tratamento com cortisona, o médico de Flannery suspeitou de que ela tivesse algo mais. Recorreu então ao dr. Arthur

---

(3) Ibid., p. 22.

J. Merrill, especialista em rins da Atlanta Emory University, que ao telefone[4] chegou a um diagnóstico provisório de lúpus eritematoso sistêmico.

Logo em seguida, no mês de fevereiro, Flannery foi transferida para o Emory Hospital. Os exames confirmaram o diagnóstico dado ao telefone pelo dr. Merrill: ela tinha uma variante grave de lúpus. Transtorno autoimune, o lúpus é um tipo de autodestruição, em que um sistema imunológico hiperativo ataca os tecidos do corpo – pele, coração, pulmões, rins, articulações, sistema nervoso... Como pode atacar quase qualquer sistema corporal em quaisquer combinações, não há dois casos semelhantes da doença, que normalmente se parece com outras enfermidades, especialmente nos estágios iniciais. Mesmo hoje, o lúpus costuma ser erroneamente diagnosticado no início. A artrite reumatoide, outra doença autoimune, é o diagnóstico mais frequente. Porém, se a artrite ataca sobretudo os tecidos entre as articulações, o lúpus é mais sistêmico, acometendo não só as articulações como também todos os outros sistemas do corpo.

Dr. Merrill explicou a gravidade da situação não a Flannery, mas a sua mãe. Aos 25 anos, Flannery O'Connor estava morrendo da mesma doença que matara seu pai uma década antes.

Regina O'Connor acreditava que a filha não estava em condições de aguentar notícias tão pesadas, e por isso não lhe contou nada, permitindo que Flannery continuasse a acreditar que padecia de artrite reumatoide. Entrou, no entanto, em contato com Sally Fitzgerald a fim de dar a notícia. Dezessete meses se passariam antes que viessem

---

(4) Ibid., p. 40.

a contar a Flannery a verdade sobre a doença que estava consumindo seu corpo.

Flannery O'Connor passou oito meses entrando e saindo do Emory Hospital; na realidade, ficou mais tempo dentro do que fora dali. De acordo com uma carta que ela mesma escreveria anos depois (e na qual certamente exagerou), havia sido submetida a dez transfusões de sangue durante o mês de fevereiro de 1951. Médicos e enfermeiras iam e vinham debatendo dosagens, tomando nota em suas pranchetas e sussurrando com sua mãe pelos corredores. Flannery era uma mulher de percepção aguçada e grande inteligência. Assistira à morte do pai por lúpus. É claro que sabia que algo mais sério estava acontecendo com seu corpo. Mesmo assim, em maio de 1952, ainda descrevia sua doença como artrite[5].

Injeções com altas doses do corticosteroide ACTH eram o principal agente no tratamento tanto da artrite reumatoide quanto do lúpus. Traziam algum alívio aos sintomas físicos, mas também incharam-lhe o rosto, deixando-a com uma «cara de lua» que a constrangia. Os efeitos colaterais das injeções não eram estritamente físicos. Como dissera a Robert Fitzgerald, «as altas doses de ACTH levam-lhe para a lua, e são pouco menos desagradáveis do que a própria doença»[6]. Mesmo no hospital, entretanto, o foco artístico de Flannery nunca vacilou. Ela continuou trabalhando em *Sangue sábio* de seu leito no hospital. Mesmo sendo tão desagradáveis as doses do ACTH, Flannery acreditava que a ajudaram a terminar o livro que a tinha consumido por tantos anos. «Estava há

---

(5) Ibid., p. 35. Carta a Robert Lowell.
(6) Ibid., p. 26.

cinco anos escrevendo aquele livro», disse a Betty Hester em 1955,

> e no último tinha certeza de que aquilo era um erro e não ia dar certo. Quando o concluí, vim abaixo com essa doença que consome todas as minhas energias e comecei a tomar cortisona em doses altas, o que faz você pensar dia e noite até que, suponho, a mente morra de exaustão se você não for socorrido[7].

Longos repousos num leito de hospital constituem sempre um exercício de imaginação. Quem não haveria de imaginar como uma séria doença poderia determinar a vida de alguém ou lhe trazer a morte? A imaginação de Flannery O'Connor, que já era ativa por natureza, viu-se profundamente estimulada nos primeiros meses de 1951. Em meio a todos aqueles pensamentos maníacos que os doentes têm, suas visões de futuro misturavam-se às visões de Hazel Motes, protagonista de *Sangue sábio*. Ela escreveu:

> Durante aquela época eu estava vivendo mais ou menos a minha vida e a de Hazel Motes, e, à medida que a minha doença afetava as articulações, concebi a ideia de que enfim ficaria paralisada e cega e que no livro eu havia descrito meu próprio caminho, ou que, na doença, eu tinha explicado o livro[8].

Esse salto mórbido da imaginação só é perceptível ao longo das correspondências reunidas de Flannery.

---

(7) Ibid., p. 117.
(8) Ibid., pp. 117-118.

Noutras ocasiões, ela continua pragmática ao descrever sua vida e, especialmente, sua doença. Essa incursão do literário no mundo de suas experiências reais é importante não por ser comum, mas por ser demasiadamente atípica na maneira como ela falava de sua vida. Flannery às vezes usava acontecimentos autobiográficos como matéria-prima para sua ficção, mas parecia relutar em utilizar sua energia artística ou imaginativa para tecer sua própria história. Naquele momento de crise, entretanto, o pessoal e o criativo se interpenetram: *Sangue sábio* determina a maneira como Flannery pensa sobre seu futuro, ao mesmo tempo que seus medos conferem nova intensidade à confusão mental de Hazel Motes.

Flannery O'Connor concluiu uma nova versão de *Sangue sábio* por volta de janeiro de 1951. Hazel Motes, outrora o jovem perdido no trem, transformou-se no enérgico profeta da «Igreja sem Cristo». Seus esforços para evitar Jesus – da presunção em relação aos pecados da carne às blasfêmias de suas pregações, passando pelo assassinato frio e calculado – revelam-se inúteis. Jesus, essa «figura selvagem e maltrapilha», pulando de galho em galho no fundo da mente de Hazel, seguia-o afinal. Aquele que blasfema é salvo a despeito de si mesmo.

Sem confiar totalmente nos próprios instintos, Flannery O'Connor enviou uma cópia de *Sangue sábio* a Robert Fitzgerald antes de enviá-la a Robert Giroux, da Harcourt. Giroux só a recebeu no dia 10 de março, depois que Fitzgerald garantiu a Flannery que sua «*opus nauseous*» era tão boa quanto ela acreditava que fosse[9]. «Espero que

---

(9) Ibid., p. 27.

goste e queira publicá-lo», escreveu a jovem, com sua característica sutileza[10].

Logo depois de o manuscrito ser enviado, as O'Connor mudaram-se da mansão Cline, em Milledgeville, para a casa de Andalusia: uma fazenda de gado leiteiro a seis quilômetros e meio da cidade. A mansão da cidade não tinha quartos no térreo, e a doença de Flannery dificultava a subida das escadas. Andalusia era silenciosa. A estrada de terra que conduzia da rodovia até ali tinha quatrocentos metros de comprimento ou um pouco mais, passando por um pasto, do lado direito, e um bosque, do esquerdo. Árvores enormes faziam sombras no quintal, logo à frente da casa branca de dois andares e varanda telada. Atrás da casa, galinhas desfilavam, patos bambeavam e figueiras abriam folhas verdejantes.

Andalusia era uma fazenda produtora, e Regina trabalhava intensamente para manter as coisas em ordem. Excepcionalmente enérgica, estava sempre em movimento, administrando não só os negócios da fazenda, mas também as várias crises e dramas familiares relacionados à propriedade. Negociantes brancos de leite iam e vinham com suas famílias. Como Flannery diria a uma amiga anos depois, «de vez em quando nos deparamos com algumas pessoas não tão boas da roça, mas são do tipo que estão sempre em movimento, e nunca ficamos com eles por muito tempo»[11].

Os fazendeiros negros, entretanto, que tinham menos opções na Geórgia anterior aos direitos civis, eram mais ou menos permanentes. O tratamento que Regina dava

---

(10) Ibid., p. 23.
(11) Ibid., p. 198.

a seus funcionários negros era direto e generoso, embora com o mesmo traço paternalista dos diversos empregadores brancos do sul naquela época. Ela estava sempre mediando discussões (por vezes, discussões violentas), cuidando das necessidades médicas dos funcionários e suas famílias, ou ajudando-os a lidar com uma ou outra burocracia estatal, fosse em relação ao sistema judicial, fosse referente ao Departamento de Veículos.

Flannery, por sua vez, levava uma vida mais tranquila. O salão localizado na frente da casa da fazenda foi transformado num quarto com espaço para escrever, e ali ela passava a maior parte de seu tempo, tanto dormindo quanto acordada. Com essa forçada tranquilidade, a vida de convalescência favorecia a vida de escritora. Todavia, na cabeça de Flannery, o período em Andalusia seria tão somente um período de recuperação, e não sua nova rotina. Ela estava conformada com que talvez muito tempo se passasse até que conseguisse ficar em pé sozinha, mas não tinha a intenção de permanecer ali. A Robert Giroux, escreveu: «Estou desperta e ativa novamente, mas não bem o suficiente para voltar a Connecticut por um tempo»[12]. Havia certas dúvidas em relação a quando poderia retomar sua vida como sulista expatriada, mas sua intenção era definitivamente regressar para o norte.

Seis semanas depois de enviar o manuscrito à Harcourt, Flannery ainda não havia recebido de Giroux nenhuma resposta. O silêncio se fazia ensurdecedor enquanto ela permanecia sentada naquele quarto improvisado, dia após dia, a milhares de quilômetros de distância

---

(12) Ibid., p. 23.

(literal e metaforicamente) de Nova York, de Ridgefield, de Yaddo ou de Iowa. Andalusia sequer tinha um telefone capaz de conectá-la com o mundo literário que se tornara como que sua casa.

Por fim, Flannery escreveu a Elizabeth McKee para pedir que entrasse em contato com o editor, que sequer acusara o recebimento do manuscrito. «Eles já deveriam saber se querem ou não», disse em 24 de abril, «e estou ansiosa para tirar isso da cabeça»[13].

Somente em junho Flannery O'Connor soube, por meio de Elizabeth McKee, que a Harcourt, Brace havia decidido publicar *Sangue sábio*. Em resposta à sua agente, os ânimos da jovem ainda pareciam um pouco abalados: «Não tive notícias de Bob Giroux, mas suponho que as terei naquilo que ele julga ser a plenitude dos tempos»[14].

Mesmo que as notícias da Harcourt tenham tirado um peso de suas costas, novas preocupações com a sua saúde surgiram. Os sintomas se tinham reduzido na primavera; e Flannery diminuiu a dose diária de quatro injeções de ACTH para uma, que ela mesmo administrava. Em abril, contou a uma amiga que estava se sentindo melhor e menos abatida. No entanto, os sintomas irromperam novamente com o calor do verão. Flannery passou toda a estação indo e voltando do hospital.

Mesmo sob circunstâncias tão difíceis, Flannery ainda mantinha o foco criativo. Continuava debruçada sobre *Sangue sábio*, fazendo as revisões sugeridas por Giroux, quando ele finalmente entrou em contato com ela. Mais importante do que as sugestões do editor, entretanto, fo-

---

(13) Ibid., p. 24.
(14) Ibid., p. 25.

ram as edições sugeridas por uma nova correspondente: Caroline Gordon.

Robert Fitzgerald enviara o manuscrito de *Sangue sábio* a Gordon – romancista católica e crítica literária – com a esperança de que seus comentários pudessem ser úteis a Flannery. Como católica recente (ela e o marido, o poeta Allen Tate, tinham sido batizados havia pouco), ela nutria o fervor de uma convertida. Suas convicções literárias, profundamente arraigadas, estavam agora cobertas de convicções religiosas, e ela encarou como missão de vida a tarefa de desafiar e preparar uma nova geração de escritores católicos. Como Paul Elie observou, «nem bem havia se tornado católica, Gordon passou a ser atrelada a uma "nova ficção católica"»[15].

Já em sua primeira leitura de *Sangue sábio*, Caroline Gordon compreendeu que Flannery O'Connor era exatamente o tipo de escritor católico por cujo surgimento ela ansiava. Em carta a Sally Fitzgerald, Gordon descreveu Flannery como «um fenômeno raro: uma romancista católica com um senso dramático verdadeiro, que se apoia mais na técnica do que na piedade»[16].

Caroline Gordon enviou sugestões a Sally, que as passou então a Flannery. Flannery incorporou as edições de Caroline Gordon e de Giroux ao texto; ela indicava as alterações no manuscrito e as enviava a uma mulher da região que datilografava o manuscrito desde o início, ao mesmo tempo que Flannery trabalhava nas partes finais do livro.

Com o tempo, Flannery chegaria a ver o isolamento de Andalusia e as limitações de sua doença como fatores

---

(15) «The Life You Save May Be Your Own», p. 193.
(16) Ibid.

positivos, quiçá até necessários, a seu processo criativo. Nas cartas que escreveu durante o primeiro ano de seu retorno à Geórgia, entretanto, fica evidente que ainda não havia aceitado o isolamento muito bem. «Eu e a Mãe ainda estamos na fazenda, e tenho a impressão de que provavelmente passaremos o inverno aqui», escreveu aos Fitzgerald. «Ela está deslumbrada com tudo aqui, cercada por esse rebanho que vai escasseando e outros detalhes, e considera tudo isso muito bom à minha saúde»[17]. Regina talvez estivesse deslumbrada por Andalusia, mas o fato de Flannery não poder opinar sobre isso parece significativo. Mesmo que tivesse escrito que a sua saúde melhorara, a opinião de que a fazenda lhe faria bem viera de sua mãe, e não dela mesma.

Na mesma carta, Flannery relata que estivera lendo alguns números velhos do *Saturday Review* que pegara emprestados com uma professora de inglês. «A face de Malcolm Cowley refulge em todas as edições». É possível, é claro, que ela estivesse sinceramente feliz com o sucesso de seu velho amigo de Yaddo; todavia, é difícil imaginar que não se sentisse um pouquinho melancólica ao ver Cowley – a quem Robert Lowell descrevera como «legal, mas meio fraco»[18] – tão próximo da cena literária, enquanto ela se via numa fazenda na Geórgia, assistindo ao sucesso do amigo em revistas emprestadas.

Em Connecticut, suas manhãs de escrita seguiam-se a noites de conversas com leitores que falavam sobre o que estavam lendo e escrevendo, que liam suas produções

---

(17) Ibid., p. 26.
(18) *A Life of Flannery O'Connor*, p. 6. Citação do livro *The Letters of Robert Lowell*, org. de Saskia Hamilton, FS&G, Nova York, 2005, p. 211.

com olhar crítico e a ajudavam a lapidar o próprio ofício. A vida em Andalusia tinha seus encantos, mas a agitação literária não era um deles. Sua mãe certa vez pedira para ler o manuscrito de *Sangue sábio*, mas a experiência não fora um sucesso. «Encontrei-a meia hora depois dormindo na página 9», escreveu aos Fitzgerald. Quando Flannery passou uma tarde inteira devorando *O apanhador no campo de centeio*, Regina a alertou de que iria prejudicar a vista lendo tanto num dia só. Essas eram as conversas literárias entre as O'Connor. «Ela gosta de livros com o Frank Buck [treinador de animais e aventureiro] e um monte de animais selvagens», disse Flannery sobre a mãe[19].

O isolamento parece ter abalado a fé de Flannery em seu próprio juízo estético, e talvez isso tenha sido positivo. No mesmo dia em que enviara seu manuscrito ao editor, ela escreveu a Elizabeth McKee: «Se depender de mim, essa será a última versão do livro, a menos que haja algo realmente gritante que me possam apontar»[20]. A sensação de clausura talvez esteja mais relacionada à sua exaustão após cinco anos esforçando-se para escrever o livro (e isso para além de sua doença física) do que a seu julgamento artístico. De todo modo, à medida que o verão avançava, ela tinha cada vez menos certeza de que o trabalho em *Sangue sábio* havia se encerrado, ou mesmo se aproximado do fim.

Quando recebeu o manuscrito revisado da datilógrafa, em setembro de 1951, Flannery afirmou que ler aquilo mais uma vez fora como «passar o dia mastigando uma

---

(19) *The Habit of Being*, p. 27.
(20) Ibid., p. 24.

manta de cavalo. Parece ainda muito deplorável, mas melhor do que antes»[21]. No meio de outubro, ela reenviou o manuscrito a Giroux com uma ressalva: «A mim me parece melhor, mas não tenho ninguém aqui que possa lê-lo e confirmar»[22].

Ela sabia, no entanto, quem poderia fazê-lo. Pediu ajuda a Caroline Gordon, que estava encantada com a possibilidade de auxiliá-la. A segunda rodada de comentários de Caroline Gordon continha nove páginas totalmente preenchidas e mais parecia um manifesto do que uma compilação de notas editoriais. Gordon, como de costume, falou do trabalho do escritor em termos teológicos: «A teologia volta-se para a competência da alma somente em sua relação com Deus; no fim das contas, sua relação com o próximo ajuda a edificar essa relação com Deus»[23]. *Sangue sábio*, segundo Gordon, funcionava da mesma maneira. Hazel Motes mostra-se peculiar porque, em grande parte, suas relações com Deus são mais plenamente concretizadas do que suas relações com os outros. Eis de onde vem a força única do livro. Por outro lado, isso também impõe problemas únicos ao ficcionista. Os tijolos que constroem a ficção, no fim das contas, são visíveis, concretos e exteriores, mesmo que suas intenções sejam essencialmente invisíveis, abstratas e internas. Muitas das observações de Caroline Gordon giravam em torno de métodos e técnicas que pudessem conferir vida à superfície da história – à «cena», em sua terminologia. Caroline Gordon leria os manuscritos de Flannery e a

---

(21) Ibid., p. 27.
(22) Ibid., p. 28.
(23) *The Life You Save May Be Your Own*, p. 195.

aconselharia pelo resto de sua vida. Era a mentora literária mais importante da autora, aquela em quem ela mais confiava em relação à sua arte.

Quando Flannery enviou o manuscrito de *Sangue sábio* a Giroux, em março, a carta que o acompanhava manifestava a esperança de que o livro seria publicado naquele outono. Em novembro, com o outono começando a sair de cena, Flannery escreveu a Giroux pedindo um pouco mais de paciência enquanto ela trabalhava nas sugestões feitas por Caroline Gordon. «Peço desculpas por tanta hesitação», escreveu. «E por não parar de fazê-lo»[24]. Em 3 de dezembro ela finalmente enviou a Giroux o manuscrito que seria a prova final de *Sangue sábio*.

Flannery pode ter se decepcionado ao ver-se presa na fazenda com a mãe, mas suas cartas também revelam que mantinha os olhos e ouvidos atentos, observando a vida e os costumes locais, coletando materiais que encontrariam espaço em sua ficção. Passar-se-iam quase dois anos até que ela escrevesse «O refugiado de guerra», conto sobre uma família de refugiados que chega para trabalhar numa fazenda produtora e é destruída por sua incapacidade de lidar com os costumes raciais do sul. As origens da história, ao que parece, remontam a dezembro de 1951, quando Flannery escreveu aos Fitzgerald:

> Minha mãe está se preparando para o que ela acha que será uma de suas bênçãos: uma família de refugiados chegará na noite de Natal. Ela precisa consertar e mobiliar uma casa para eles, sem saber ao certo quantos são, sua nacionalidade e ocupação – nada. Ela

---

(24) *The Habit of Being*, p. 29.

e a sra. P., esposa do leiteiro, fizeram cortinas para as janelas usando os sacos floridos da ração para as galinhas. Regina estava se queixando de que as sacas verdes não ficariam tão bem no mesmo espaço que as cor-de-rosa, e a sra. P. (que não tem dentes num lado da boca) dizia, com um tom de voz muito superior: «Você acha que eles sabem que cores são essas?»[25].

Flannery O'Connor sempre fora uma escritora visual. A atenção aos detalhes físicos da cena (as sacas verde e rosa, os dentes que faltam) e as relações sociais complexas e hilárias (a superioridade impassível da mulher ignorante) são marcas registradas tanto de sua ficção quanto de sua correspondência.

O início de 1952 trouxe os preparativos finais para a publicação de *Sangue sábio*. Flannery fez correções nas provas. Foi fotografada como autora. «Todas ficaram péssimas», escreveu aos Fitzgerald. «Na que enviei parecia que eu tinha acabado de dar uma mordida em minha avó e que esse era um dos meus poucos prazeres, mas todas as outras estavam ainda piores»[26]. Ela também inseriu no livro uma dedicatória: «Para Regina».

Alguns depoimentos foram aparecendo para serem incluídos na capa. Um dos mais interessantes veio de Evelyn Waugh, escritor católico inglês, autor de *Retorno a Brideshead*. «Se esta é de fato a obra de uma jovem que não teve ajuda, é um produto notável». Esse comentário espantou Regina, embora não pela mesma razão que incomodou Flannery. «Minha mãe sentiu-se imensamen-

---

(25) Ibid., p. 30.
(26) Ibid., p. 31.

te insultada», escreveu a autora a Robert Lowell. «Ela se concentrou no *se* e em *uma jovem*. Ele achou que você não fosse mulher?, falou. QUEM é esse homem?»[27].

No fim das contas, a frase de Caroline Gordon foi a única utilizada na sobrecapa. Ela comparou a Kafka a visão aterrorizante de Flannery em relação ao mundo moderno. Isso também provocou a reação da mãe de Flannery, que escreveu aos Fitzgerald: «Regina está ficando muito literária. "Quem é Kafka?", disse. "As pessoas ficam me perguntando." Um judeu alemão, digo, penso. Escreveu um livro sobre um homem que se transforma em barata. "Bem, não posso dizer *isso* às pessoas", disse ela»[28].

Flannery viu em abril um exemplar de *Sangue sábio* pela primeira vez, antes mesmo de ser lançado, em 15 de maio de 1952. Um vendedor de livros em Milledgeville mostrou a ela. Flannery detestou sua foto, que ocupou todo o verso da sobrecapa, parecendo, como ela mesmo disse, «uma refugiada de pensamentos profundos».

À medida que o lançamento se aproximava, Flannery teve ainda mais uma tarefa literária para completar, desta vez definida por sua mãe. Ela devia «escrever uma introdução à prima Katie "para que ela não fique chocada", e colá-la dentro [do exemplar da tia Katie]. O texto deveria ser escrito no mesmo tom de *Sacred Heart Messenger* e expressar o fardo do pensamento crítico contemporâneo. Continuo adiando a tarefa»[29].

O'Connor estava prestes a alcançar a grandeza literária. Em um ou dois meses, seria a escritora mais co-

---

(27) Ibid., p. 35.
(28) Ibid., p. 33.
(29) Ibid., p. 33.

mentada dos Estados Unidos. Contudo, naquele mundo matriarcal onde vivia, onde circulava e onde nascera, a primeira preocupação era o que a sofisticada prima Katie pensaria de um livro tão pouco convencional, tão displicente e tão vulgar quanto *Sangue sábio*.

6
Sangue sábio
1952

Quando *Sangue sábio* foi publicado, em maio de 1952, Flannery O'Connor teve de participar de uma série de eventos em Milledgeville. Ela escreveu a Robert Macauley, seu colega em Iowa, que estava para lançar um romance: «Espero que você não seja como eu e não encontre dificuldades para impedir as pessoas de fazerem festas para você. Por aqui, se você publicar o número de bigodes dos porcos locais, todo mundo se sente obrigado a lhe oferecer um chá»[1].

Aos Fitzgerald, Flannery declarou: «Uma senhora de dentes cerrados que apenas tolero irá me oferecer um almoço no dia 10 – mas somente porque ela foi a Regina antes de mim. Duas outras vieram a mim antes de falar com Regina, e acabei com seus planos sem nenhum dó. Tenho de ser bastante esperta, toda olhos e ouvidos»[2].

---

(1) *The Habit of Being*, p. 35.
(2) *Collected Works*, p. 896.

O maior dos eventos foi uma «noite de autógrafos» no dia do lançamento, ocorrida na biblioteca do Georgia State College. Nela compareceram «multidões de convidados» (entre eles a prima Katie, de Savannah), segundo o jornal local. Uma das fotografias mais famosas de Flannery O'Connor foi tirada naquela noite. Ela parece jovem, bela e saudável. E está sorrindo de verdade – algo raro em suas fotografias, embora não no dia a dia.

Talvez Flannery estivesse sorrindo por imaginar o que todas aquelas senhoras distintas da Geórgia pensariam ao ler seu livro. «Foi muito engraçado ver velhotas como a sra. N. levando um exemplar para casa e imaginá-lo entrando em suas cabeças», escreveu à velha amiga Betty Boyd Love[3].

De fato, diante do feito da filha prodígio de Regina, a polidez do povo de Milledgeville mostrou-se um tanto ambivalente. O biógrafo Jean Cash citou o que disse Jay Lewis, presente na festa, sobre a reação do povo local a *Sangue sábio*:

> Ah, eles detestaram, ficaram horrorizados. Não conseguiam imaginar por que uma doce menina do sul escreveria um livro como aquele. [...] A gente comum de Milledgeville teria visto [os personagens de Flannery] e pensado que é assim que ela nos vê[4].

Antes do lançamento de *Sangue sábio*, Flannery tinha algumas preocupações com a reação de sua família ao

---

(3) *The Habit of Being*, p. 36.
(4) Cash, p. 176. Brad Gooch, que entrevistou alguns cidadãos de Milledgeville, também aborda com excelência o tema da reação local a *Sangue sábio*. Ver pp. 208-211.

livro. Essas reservas, como ficou evidente, tinham certa razão de ser. De acordo com Brad Gooch, a prima Katie reagiu mal, escrevendo cartas com pedidos de desculpas a cada um dos padres aos quais ela havia enviado exemplares antes de ler. Houve rumores de que ficou uma semana de cama[5]. Gooch cita o vizinho da tia Mary Cline que se lembrou daquela imponente senhora dizendo, entre soluços: «Não sei onde Mary Flannery conheceu essas pessoas sobre as quais escreveu, mas certamente não foi na minha casa». Quanto a Regina, Flannery registrou: «Ela não descobriu como amar a srta. Watts [a prostituta de *Sangue sábio*]»[6].

Não houve, entretanto, nenhum rompimento familiar significativo como resultado do singular livro de Mary Flannery. Ela sempre fora um espírito livre, e, embora a família nunca tenha aprendido a gostar da srta. Watts e sua laia, ainda amava a jovem genial que as criara.

Eis o que, quatro anos depois, Flannery O'Connor explicou a um jovem escritor chamado John Lynch, que aparentemente demonstrara preocupações sobre a reação de sua família ao que ele vinha produzindo:

> Certa vez também tive a sensação de que cavaria a cova de minha mãe com minha escrita, mas depois descobri que se tratava de vaidade de minha parte. Eles são mais durões do que pensamos. Eu tinha uma outra prima de 83 anos com quem tinha grande afinidade, e estava convencida de que o meu romance lhe causaria um derrame e de que eu seria perseguida toda

---

(5) *A Life of Flannery O'Connor*, p. 208.
(6) *The Habit of Being*, p. 35.

a vida pelas Fúrias. Depois de sua leitura, esperei uma carta anunciando o mal súbito, mas tudo o que recebi foi um bilhetinho curto e grosso dizendo: «Não gostei do seu livro». Ela está com 88 anos agora[7].

Depois de comparecer às festas de *Sangue sábio*, Flannery jamais teria de aguentar outro evento de um lançamento seu. Todavia, as festas ainda estavam ocorrendo quando ela deu a primeira das muitas palestras que faria ao longo de sua vida. Essas palestras seriam para ela uma importante forma de manifestar sua visão literária e teológica. Além disso, dar-lhe-iam uma nova oportunidade de ser explicitamente mal interpretada.

Helen Green, amiga e antiga professora de Flannery na GSCW, convidou-a para falar a seus alunos. No dia seguinte, a autora se sentiu impelida a escrever-lhe uma carta para esclarecer algumas coisas que os estudantes não haviam entendido bem sobre os seus trabalhos.

> Fiquei angustiada ontem ao ouvir alguns de seus alunos dizendo que eu era uma discípula de Kafka e carregava o mesmo pessimismo dos intelectuais europeus dos últimos cinquenta anos, porém atingindo apenas os jovens deste país. [...] Como as minhas crenças estão muito distantes das de Kafka, achei melhor lhe escrever para ver se esclarecia o assunto[8].

Se *Sangue sábio* era kafkiano, explicou, era-o apenas em termos de técnica: ambos escreveram «um tipo de devaneio enraizado no específico». No entanto, essa se-

---

(7) Ibid., p. 139.
(8) *Collected Works*, p. 901.

melhança técnica não indicava – insistia ela – qualquer semelhança filosófica ou de crenças. «Minhas noções filosóficas não derivam de Kierkegaard (não sei nem como se escreve esse nome), mas de São Tomás de Aquino. E a minha intenção não é fazer o livro soar pessimista. Trata-se, acima de tudo, de uma história de redenção; e, se você reconhece a redenção, ela não é de maneira nenhuma pessimista»[9].

O mal-entendido com os estudantes da GSCW em relação a *Sangue sábio* – sua equivocada associação com as filosofias existencialistas de Kafka e Kierkegaard – se repetiria ao longo de toda a vida literária de Flannery: viria da academia e da crítica, sobretudo no início de sua carreira. Seus leitores se aferravam a semelhanças superficiais de estilo (Kafka, por exemplo) ou de tema (os escritores da tradição gótica sulista) como se fossem a chave para compreender sua obra, esquecendo-se de que ela estava dando a técnicas literárias do século XX uso antigo; isso quer dizer que sua dívida para com Kafka não era nada em comparação ao que devia a São Tomás de Aquino. «Todos os que leram *Sangue sábio* acham que sou uma niilista caipira», reclamou alguns anos depois, «quando eu queria dar a impressão [...] de que sou uma tomista caipira»[10].

Já se disse algumas vezes que *Sangue sábio* recebeu críticas diversas. Talvez seria mais preciso dizer que *Sangue sábio* foi incompreendido de diferentes maneiras e por diferentes críticos.

A crítica que saiu no jornal católico *Commonweal* é um microcosmo da reação crítica ao livro. O resenhista

---

(9) Ibid., p. 897.
(10) *The Habit of Being*, p. 81.

admirou, parabenizou, psicologizou, enalteceu a si mesmo por sua inteligência... e contradisse a si próprio por completo. *Sangue sábio*, escreveu, «é um feito considerável, um começo precoce e notável» para uma romancista de 26 anos de idade. Qualquer satisfação que Flannery O'Connor tenha sentido nesse generoso começo deve ter sido frustrada pela descrição do livro que se seguiu, segundo a qual trata-se de «um tipo de versão batista, vinda do sul, de "The Hound of Heaven".» Ele se referia a um poema de Francis Thompson sobre a busca incansável de Deus por parte da alma perdida. Esta não é uma comparação ruim, mas o adjetivo «batista» certamente irritou aquela católica fervorosa. Embora o ambiente e os personagens fossem sulistas, nenhum personagem do livro se afirma batista.

A cegueira do crítico para as nuances da experiência cristã não seriam, talvez, um fato significativo se ele não mergulhasse nas principais complexidades teológicas. «A rejeição de Motes a Cristo – ou sua aparente rejeição a Cristo – pode ser explicada facilmente. Sua infância fora alimentada por um evangelismo grosseiro, que vivamente associava Cristo ao pecado»[11].

A ideia de que a alma humana «pode ser esclarecida com simplicidade» seria nova a Flannery, que nunca apreciara o reducionismo freudiano que tanto se associava à crítica de seu trabalho. Ao descartar a possibilidade de que Hazel Motes poderia de fato estar fugindo de um Deus que o perseguia, ao deixar apenas a possibilidade de que Hazel pudesse «ser facilmente explicado», o crítico não se liberta do mundo subumano que ele esperaria

---

(11) *The Critical Response to Flannery O'Connor*, p. 21.

encontrar numa obra «literária grotesca sobre a decadência sulista»[12]. O mesmo crítico também escreveu que «há mais animalismo bruto em Taulkinham [cidade em que se passa *Sangue sábio*] do que no zoológico fictício de seus subúrbios. Ninguém aqui é redimido, pois não há ninguém para redimir»[13].

No centro das dificuldades de Flannery com os críticos – ou, antes, da dificuldade dos críticos com ela – estava o fato de o entendimento de sua ficção vir filtrado pela ideia que eles faziam do gótico sulista. (Em defesa dos críticos, um romance escrito por uma sulista e ocupando-se de pregadores ambulantes, lunáticos, meretrizes, jovens desordenadas e um falso profeta vestido de gorila merece mesmo um lugar entre a «literatura grotesca da degeneração sulista» que vinha sendo produzida por escritores como Carson McCullers e Erskine Caldwell[14]).

Todavia, a decadência nas histórias de Flannery O'Connor não é a mesma degradação total do, por assim dizer, realismo parasita de *Tobacco Road*, de Caldwell, ou do *voyeurismo* extravagante de *Ballad of The Sad Cafe*, de McCullers. Ela não escrevia, como afirmou o crítico da *New Republic*, «sobre um mundo insano, povoado de monstros e subumanos». Nas obras de Flannery, mesmo os mais feridos pecadores buscavam transcendência, quer o soubessem ou não; e, no fim das contas, a transcendência dá-se sempre a conhecer.

---

(12) Ibid., p. 20.

(13) Ibid., p. 21

(14) O crítico do *The New Republic* observou que «as poucas figuras que podemos distinguir [em *Sangue sábio*] aparecem sob uma luz pálida refletida pronicipalmente, devo dizer, por Faulkner e Carson McCullers». *The Critical Response to Flannery O'Connor*, p. 22.

Caroline Gordon compreendeu o que os primeiros críticos de *Sangue sábio* não haviam compreendido: que as aberrações ficcionais de Flannery O'Connor são humanas. «É moderno escrever sobre os esquisitos», escreveu Caroline Gordon à jovem autora. «Truman Capote e seus admiradores escreviam sobre eles. Surpreende-me – e me diverte – encontrar uma escritora como você usando o mesmo tipo de assunto». Ela continua: «Você nos oferece uma imagem assustadora do mundo moderno, e por isso seu livro é repleto de aberrações. A mim me parecem, no entanto, pessoas normais que foram mutiladas ou prejudicadas, e os personagens principais, Sabbath, Enoch e Haze, estão todos lidando com os negócios de seu Pai da melhor maneira possível»[15].

Talvez a característica mais importante a distanciar a obra de Flannery daquela de seus contemporâneos góticos seja a possibilidade de que seus aleijados voltem a caminhar e seus mutilados se recomponham.

* * *

Uma vez que *Sangue sábio* já estava fora de seu radar, Flannery voltou sua atenção e suas energias a outros experimentos artísticos. Fez pintura a óleo – «na maioria das vezes galinhas, galinhas-d'angola e faisões» –, e Regina acolhia as pinturas da filha muito melhor do que acolhia sua escrita. Muitas das pinturas de Flannery foram penduradas na biblioteca da GSCW quando do lançamento de seu livro.

---

[15] «A Master Class», *Georgia Review*, 33, 4, 1979, pp. 831-32.

Na primavera de 1952, Flannery O'Connor começou a escrever uma história que chamou de «O mundo está quase podre» e que mais tarde foi publicada sob o título «A vida que você salva pode ser a sua». Trata-se de uma história complexa entre um trapaceiro de um braço só e uma viúva rica e desconfiada que mora numa fazenda malcuidada com a filha deficiente mental.

«A vida que você salva...» foi sua primeira aventura com um tipo de dinâmica que guiaria seis dos vinte e um contos que ela acabaria por escrever no restante de sua carreira: o relacionamento intenso e conflituoso de uma mãe solteira com um filho ou filha adulta ainda morando em sua casa. As mães, como Regina, são normalmente perspicazes, às vezes ingênuas, mas sempre autoritárias. Os filhos e filhas são debilitados, excessivamente instruídos (o que, no mundo ficcional de Flannery, também é um tipo de fraqueza), ou mesmo ambos. Joy-Hulga Hopewell, em «Gente boa da roça», tinha doutorado e uma perna de madeira; Asbury Fox, de «O calafrio constante», é um dramaturgo de terceira e um hipocondríaco de primeira.

No fim de sua vida, Flannery opôs-se a leituras autobiográficas de seus contos. Contudo, ninguém se equivocaria ao dizer que «A vida que você salva...» representa uma inédita tendência a usar a própria situação como matéria-prima. Se a tia Mary questionava onde Mary Flannery conhecera as pessoas sobre as quais escreveu em *Sangue sábio*, não poderia ter dúvidas quanto a de onde vieram muitos dos personagens das histórias por vir.

* * *

Em junho de 1952, Flannery pôde enfim cumprir o planejado e voltou a Connecticut para uma visita de seis semanas, nas quais ajudaria os Fitzgerald com a casa. Robert estava lecionando nos cursos de verão da Indiana School of Letters e Sally via-se grávida de seu quinto filho. Flannery levou três patos vivos de presente para as crianças, escondendo-os no avião.

A casa estava mais caótica do que o normal naquele verão. Além de Robert estar ausente, na segunda parte da visita de Flannery uniu-se às quatro crianças do casal Maria Loretta, garotinha negra de doze anos de idade que vivia em Nova York. Chegara até ali pela Fresh Air Fund, que oferecia às crianças do gueto a oportunidade de passar férias de verão em casas de família. A babá das crianças, uma refugiada eslovênia chamada Maria, nunca tinha visto uma pessoa negra antes e reagiu muito mal a Maria Loretta. Segundo Flannery, Maria Loretta não era mesmo nenhum anjo, mas qualquer comportamento mau dela era eclipsado «por caretas, resmungos e acessos de raiva de todas as intensidades em esloveno»[16]. Sally Fitzgerald ficou preocupada com que tamanha desordem e drama pudessem provocar-lhe um aborto.

No meio daquele caos, Flannery teve certeza do que já suspeitava, mas nunca lhe havia sido dito: ela tinha lúpus. Sally Fitzgerald quebrou o silêncio enquanto retornavam de um compromisso na cidade. Brad Gooch conta a história, que foi descrita numa entrevista com Sally Fitzgerald conduzida pelo documentarista Christopher O'Hare.

> Ela estava certa, depois de muitas batalhas interiores, de que Flannery deveria conhecer a natureza de sua

---

(16) *The Habit of Being*, p. 37.

doença. Naquele instante, ocorreu de Flannery mencionar sua artrite. «Flannery, você não tem artrite», disse Sally de repente. «Você tem lúpus». Em reação àquela revelação súbita, Flannery moveu o braço lentamente, da porta do carro ao colo, e o tremor de sua mão era visível. [...] «Bem, essa não é uma boa notícia», respondeu Flannery depois de alguns instantes de silêncio. «Mas não sei como agradecê-la por ter me contado. [...] Eu achava que tinha lúpus, e achava que estava enlouquecendo. Prefiro estar doente a estar louca»[17].

Como se para confirmar a notícia, Flannery O'Connor pegou uma virose na casa dos Fitzgerald que a obrigou a encurtar sua visita em uma semana. Chegando em Atlanta, foi diretamente consultar-se com o dr. Merrill. Dezessete meses depois do primeiro diagnóstico de sua doença, Merrill enfim contou a Flannery que ela tinha lúpus. Além disso, disse-lhe que a virose que ela pegara em Connecticut havia despertado a doença adormecida.

«Sei que é lúpus e estou muito satisfeita em sabê-lo», escreveu ela a Robert Fitzgerald. «[Dr. Merrill] aumentou o medicamento, mas não acha que terei nenhum problema»[18]. Ele estava errado quanto à última parte, porém. No fim do verão, Flannery escreveu a Sally Fitzgerald que estava de cama: «Saudações desde o meu leito de aflições para ti. Passei nele duas semanas com febres e etecéteras, e parece que serão duas semanas mais»[19]. Naquela ocasião, ela passou seis semanas de cama.

---

(17) *A Life of Flannery O'Connor*, p. 215.
(18) *The Habit of Being*, p. 39.
(19) Ibid.

Se Flannery achava que sua longa visita aos Fitzgerald serviria como teste para uma mudança permanente para longe de Milledgeville, essa esperança foi arruinada. Agora parecia óbvio que ela não deixaria mais a fazenda. Logo depois de sua consulta com o dr. Merrill, Flannery escreveu um bilhete a Elizabeth McKee, o qual começava simplesmente com

> Estou de volta à Geórgia[20].

E ponto final. Novo parágrafo. Novo começo.

Flannery também escreveu a Sally Fitzgerald pedindo que enviasse de volta duas malas com os pertences que ela deixara em sua casa em dezembro de 1950, quando do início de sua doença. Havia sido uma atitude otimista deixar as coisas em Connecticut para um possível retorno, mas agora era hora de seguir com a vida em Milledgeville.

* * *

Para Flannery, um dos grandes benefícios da vida em Milledgeville era a oportunidade de observar e registrar os costumes locais, que ofereciam rico material à sua ficção. Muito do que observava vinha de sua mãe, que, obviamente, era dada a anedotas. Gostava especialmente da nova família de lavradores que se mudara para Andalusia naquele verão:

> Minha mãe disse que nunca havia lido *Tobacco Road*, mas que parece que estão aqui. Não sei por quanto tempo ficarão conosco, porém. Estou apro-

---

[20] Ibid., p. 42.

veitando esse tempo e desejo oferecer, em algum momento, a meu grande público-leitor uma sequência detalhada. Toda vez que Regina me traz alguma novidade, nosso material aumenta consideravelmente[21].

A família não permaneceu ali até o fim do ano, «mas aprendi muito enquanto estiveram por aqui», afirmou Flannery.

Os moradores locais, evidentemente, eram fonte de inspiração. A despeito de seus problemas de saúde, Flannery manteve-se produtiva na segunda metade do ano. Depois de retornar de Connecticut, terminou de escrever «A vida que você salva pode ser a sua», escreveu «Um último encontro com o inimigo» (inspirado numa matéria lida no jornal local) e «O rio», ao mesmo tempo que começava um segundo romance – o qual, depois de anos de esforço, tornou-se *The Violent Bear it Away*.

Aquele segundo semestre trouxe mais sucessos de público. «Um último encontro...» foi aceito quase imediatamente pela revista *Harper's Bazaar*. No outono, ela também recebeu uma carta admirada de John Crowe Ransom, editor do *Kenyon Review*. Tendo se familiarizado com a obra de Flannery no Programa de Formação de Escritores em Iowa, ele era um grande fã de *Sangue sábio* e encorajou Flannery a inscrever-se na bolsa da *Kenyon Review*, cujo prêmio de dois mil dólares era oferecido pelos Rockfeller.

Em dezembro, Flannery soube que havia obtido a bolsa. «Contava com a maior parte desse dinheiro para ter sangue e ACTH e livros, bem como certas pesquisas

---

(21) Ibid., p. 41.

secundárias sobre costumes comuns», escreveu. O prêmio também fizera aumentar a admiração de sua mãe pelo seu trabalho:

> Minha mãe está adorando isso de contar aos parentes que não gostaram do livro que a Fundação Rockfeller, etc., etc. – de maneira bem casual, no verso dos cartões de Natal. O dinheiro fala, ela costuma dizer, e o nome Rockefeller não faz mal a ninguém[22].

* * *

Na mesma época, ela encomendou seu primeiro pavão, que se tornaria o símbolo mais característico de Andalusia e de sua vida ali. Durante anos, Flannery estivera desejando acrescer pavões à sua coleção de galinhas, guinés e faisões. A ideia de que estaria em Andalusia para sempre trouxe ao menos o consolo de que poderia enfim realizar esse sonho.

Para a prática e obstinada Regina, um pavão não era uma escolha adequada à Andalusia. Flannery contou a história em «O rei das aves», seu texto de 1961 para a revista *Holiday*.

> «Essas coisas não comem flores?», perguntou [Regina].
> «Comerão Startena [ração para pássaros da Purina] como todas as outras», respondi[23].

---

(22) Ibid., p. 49.
(23) *Mistery and Manners*, p. 5.

Em seguida, no mesmo texto, Flannery gracejou:

> Estava correta ao dizer que os meus pavões comeriam Startena; só que também comeriam tudo o mais. Particularmente, comiam flores. Os receios de minha mãe foram logo confirmados. Pavões não só comem flores, mas comem-nas de maneira sistemática, começando pela primeira da fileira e seguindo adiante. Se não estiverem com fome, pegam a flor do mesmo jeito, se ela for bonita, e a deixam cair[24].

Quando o pavão chegou da Flórida de trem, foi o início de um amor para a vida inteira, muito embora, como ela mesma viria a afirmar, aquele fosse um amor não correspondido, já que os pavões demonstram pouca consideração por qualquer ser humano que não os esteja alimentando. «Assim que os pássaros estavam fora do caixote, sentei e comecei a observá-los. Tenho observado-os desde então, aqui e acolá, e sempre com o mesmo fascínio da primeira vez»[25].

Para sua vida mundana, Flannery importara o pássaro de Hera, esposa de Zeus. Por fim, dezenas deles alisavam-se e pavoneavam na terra vermelha do interior da Geórgia. Apesar de toda a confusão, de todo o caos, de toda a gulodice e de toda a vaidade, eles propiciavam um vislumbre celestial:

> Quando lhe parecer conveniente, o pavão irá encará-lo. Então você verá, num arco verde-bronze à sua

---

(24) Ibid., p. 16.
(25) Ibid., p. 6.

volta, uma galáxia de sóis aureolados. Nesse momento a maioria das pessoas se cala.

«Amém! Amém!», gritou uma senhora negra certa vez quando isso aconteceu, e ouvi a esse momento muitas reações parecidas que demonstram a insuficiência do discurso humano. Alguns assobiam; outros ficam em silêncio pela primeira vez[26].

Os pavões de Flannery, a exemplo de sua ficção, são uma lembrança de que o sul rural é um lugar tão bom como qualquer outro para que a Transcendência irrompa e se revele ao olhar humano.

---

(26) Ibid., p. 10.

7

«Parece que atraio a ala dos lunáticos»

1953-1954

«O dinheiro fala», disse Regina quando soube que a filha havia ganhado a bolsa da *Kenyon Review*. E, para aquela família, o dinheiro certamente falava. «Meus parentes acham que sou uma escritora comercial agora e estão realmente orgulhosos de mim»[1], escreveu Flannery.

Ela parecia um tanto constrangida com o fato de «Um último encontro com o inimigo» ser publicado numa revista tão popular como a *Harper's Bazaar*. «Ninguém vê o que há nessas revistas senão as senhoras nos salões de beleza»[2], afirmou a Robert e Elizabeth Lowell. No entanto, havia muito mais senhoras nos salões de beleza do que pessoas lendo as publicações literárias em que os contos de Flannery costumavam ser publicados. Na década de 1950, a tiragem da *Harper's Bazaar* era de aproxima-

---

(1) *The Habit of Being*, p. 54.
(2) Ibid., p. 65.

damente 300 mil exemplares. A *Kenyon Review*, por sua vez, contava com apenas dois mil leitores.

No mundo literário de Flannery, é claro, era verdade que «ninguém» lia a *Harper's Bazaar*. Em seu outro mundo, no entanto, aquele mundo em que ela vivia corporalmente, isso representava um grande sucesso. Se ela não fosse um nome familiar na Geórgia, ao menos estaria começando a experimentar certa fama. «Meu tio Louis sempre me traz um recado de alguém [de sua empresa] que leu *Sangue sábio*. A última foi: pergunte a ela por que não escreve sobre pessoas boas. Louis disse lhes ter respondido que eu escrevia sobre o que dava dinheiro»[3].

Flannery não teve de ir muito longe para continuar suas pesquisas sobre os costumes do povo. Quando o tio Louis não estava por ali, ela podia observar a nova família a chegar à fazenda – tão encantadora quanto comum:

> O velho P. [o leiteiro anterior] parecia ter um ancestral, de alguns séculos atrás, que fora ao menos um cavalheiro decadente (ele não vestia macacão, mas apenas calça cáqui), mas esses [...] parecem que se uniram à raça humana alguns meses atrás. A sra. W. contou que foi à escola um dia, não gostou e nunca mais voltou. Ela tinha quatro filhos, e achei que fosse um deles. A menina mais velha tem catorze anos e a boca cheia de tabaco[4].

A saúde de Flannery O'Connor ainda não se reestabelecera em 1954. Seus cabelos estavam ralos no topo

---

(3) Ibid., p. 54.
(4) Ibid.

da cabeça e seu rosto inchara novamente. «Acho que será assim para sempre», dissera em janeiro de 1953. Vendo o lado bom das coisas, como sempre, ela afirmou que, sabendo ser lúpus, poderia pelo menos se cuidar melhor. Tomava sol e evitava fazer muito esforço. Em março, escreveu: «Tenho energia suficiente para escrever, e como isso é tudo o que devo fazer, posso, com um olho semicerrado, ver tudo isso como uma bênção. Aquilo que é preciso mensurar, você acaba observando mais de perto; ao menos é o que digo a mim mesma»[5].

De fato, independentemente de seu estado físico, ela valorizava o tempo que lhe fora concedido, e é possível acreditar que via seus problemas de saúde como bênçãos. Pode-se dizer que, de alguma maneira, sua fraqueza estimulava sua produção criativa em vez de restringi-la. Flannery administrava cuidadosamente a energia que tinha, agarrando cada minuto que podia para dedicar-se ao trabalho que se sentia chamada a fazer.

Os hábitos de Flannery eram extremamente disciplinados. Orações antes do amanhecer. Missa às 7h15. Manhã de escrita. Tarde para ler e responder correspondências, receber visitas e observar os pavões. À tarde ela também lia filosofia, teologia, ficção, crítica. Suas cartas (e, mais que elas, as 120 resenhas que escreveu para dois jornais da diocese) demonstravam o quanto estava envolvida com os livros.

Para aquela «tomista caipira», cada dia terminava com vinte minutos de leitura da *Suma teológica* de São Tomás de Aquino, numa revisão diária dos fundamentos de sua fé.

---

(5) Ibid., p. 57.

Se minha mãe entrasse nesse momento e dissesse: «Apague a luz. Está tarde», com o dedo em riste e uma expressão beatífica e branda, eu respondia: «Pelo contrário, digo-lhe que a luz, por ser eterna e sem limites, não pode ser apagada. Feche os olhos» – ou algo do gênero[6].

Eis um clássico momento flanneriano. A mãe, prática e atenciosa, dá uma ordem. A filha, espirituosa e excessivamente educada, a desobedece piamente.

Flannery O'Connor era tão dedicada à escrita de suas cartas quanto à sua escrita ficcional. As correspondências tinham um momento próprio na ordem do dia. As cartas eram seu vínculo mais importante com o mundo que jazia além daquela vida encerrada em Milledgeville. Os O'Connor não tiveram telefone até 1956; e qualquer pessoa que desejasse mandar alguma mensagem a Flannery ou Regina deveria ligar para a tia Mary na mansão Cline, que ficava na cidade. A tia Mary, no entanto, não era muito confiável. «Ela vive nas regiões mais altas da realidade e raramente se lembra de transmitir os recados que chegam»[7], disse Flannery.

Para Flannery, as cartas eram outra forma de cultivar amizades. Ela recebia e mandava notícias, explicava-se, argumentava, aconselhava, encorajava e, ocasionalmente, repreendia. Seus amigos mais próximos eram pessoas que ela quase nunca havia visto, mas a quem convidava para compartilhar de sua vida interior por meio das missivas.

---

(6) Ibid., p. 94.
(7) *The Correspondence of Flannery O'Connor and the Brainard Cheneys*, p. 10.

«PARECE QUE ATRAIO A ALA DOS LUNÁTICOS»

À medida que sua escrita foi se tornando popular, ela passou a receber cada vez mais cartas de estranhos, muitas das quais respondia de maneira bastante atenciosa. Um bom número de mensagens vinha «de pessoas que talvez eu tenha inventado», disse. Um certo Jimmie Crum, de Los Angeles, escreveu-lhe perguntando o que aconteceu com o homem vestido de gorila em *Sangue sábio* e pediu uma fotografia da autora para colocar em seu escritório. Dois estudantes de teologia lhe escreveram para dizer que ela era a sua *pin-up* («a distinção mais estranha possível»). Chegou certa carta de «um verdadeiro montanhês de West Virginia a sua amiga escritora», o qual dizia que «tenho um problema sério no coração e nos vasos sanguíneos, não quero um centavo ou compaixão, mas gosto de como você lida com as palavras – sensacional, uau, ha ha»[8]. Flannery O'Connor sempre fora uma colecionadora de absurdos e lia essas cartas com satisfação. Todavia, escreveu, «queria que alguém realmente inteligente me escrevesse vez ou outra, mas pareço atrair a ala lunática»[9].

Era comum a Flannery travar correspondências com seus leitores. A edição de outono de 1952 da *Shenandoah Quarterly* trazia uma crítica de *Sangue sábio* diferente das outras que o livro havia recebido, e na qual a obra era comparada a *Tobacco Road*, de Erskine Caldwell, de um lado, e a *Enquanto agonizo*, de William Faulkner, de outro. Segundo a descrição do crítico, Caldwell «não era um artista, mas apenas um pornógrafo enfadonho», reduzindo seus personagens da ralé branca a animais, com

---
(8) Ibid., p. 86.
(9) Ibid., p. 82.

uma injúria após a outra. Todas as menções à religião em *Tobacco Road*, escrevera ele, ficam restritas à superfície e nada têm a ver com o domínio espiritual, que foi excluído do universo do livro. *Enquanto agonizo*, por sua vez, reconhece a existência de uma fome profunda além da fome de barro em *Tobacco Road*; seus personagens almejam um tipo de religião – de modo especial, nos ritos funerários de Addie – que alivie essa fome. Não estão, contudo, buscando a salvação, e, quando o funeral termina, voltam a suas vidas naturalistas.

Sangue sábio, no entanto, trata de outra coisa totalmente diferente:

> *Sangue sábio* não trata da fome do estômago, nem de certa nostalgia religiosa, mas da ânsia persistente da alma. Não é um livro a respeito de alguém cuja lealdade religiosa serve para encobrir uma indolência e um fatalismo que o fazem degenerar na pobreza e na selvageria ante a fome; tampouco a respeito de uma família de miseráveis que se afunda no anonimato naturalista quando a elevação de seu rito fúnebre se encerra. É um livro sobre a necessidade inescapável do homem em sua busca temerosa, embora cega, de salvação[10].

No fim das contas, o crítico estava lendo *Sangue sábio* à luz do romance mesmo, e por isso entendeu o que Flannery O'Connor estivera tentando fazer. Seu nome era Brainard Cheney, de Nashville, Tennessee. Flannery ficou tão impressionada com a crítica que escreveu a Caroline Gordon – que morara por muitos anos em

---

(10) Ibid., p. 197. Originalmente em Shenandoah, 3, outono de 1952, pp. 55-60.

Nashville com o marido, Allen Tate, e «parecia conhecer todo mundo que tivesse escrito qualquer coisa no Tennessee» – para perguntar se conhecia Cheney. Gordon o conhecia e passou a Flannery seu endereço.

No dia seguinte, Flannery escreveu uma carta a Cheney para dizer a ele o quanto havia apreciado a leitura daquele livro tão incompreendido.

> Não foram muitas leituras boas. Surpreendi-me repetidas vezes ao me dar conta de que temperamento difícil devo ter para produzir uma obra tão carente do que certa senhora chamou de «amor». O amor de Deus não conta, ou não o deixei explícito. Muitos críticos pensaram também tratar-se apenas de mais um livro sujo, e gostaram dele justamente por isso[11].

Quando Cheney lhe respondeu, confessou que ele constituía o «ambiente perfeito» para sua história, pois era recém-convertido ao catolicismo («ex-protestante, ex-agnóstico»). Caroline Gordon, disse, não era apenas sua madrinha literária, mas também sua madrinha na Igreja. Cheney era ainda romancista e dramaturgo, e vinha de Lumber City, na Geórgia, a menos de 160 quilômetros ao sul de Milledgeville.

Cheney pediu permissão a Flannery para que essa apresentação se aprofundasse[12]. E assim se iniciou outra amizade vital na vida de Flannery O'Connor. Brainard e Francis Cheney moravam fora de Nashville, na cidade de Smyrna, numa grande casa de tijolos do século XIX a que

---

(11) *The Correspondence of Flannery O'Connor and the Brainard Cheneys*, p. 3.
(12) Cf. ibid., pp. 4-5.

chamavam *Cold Chimneys*. Brainard, além de romancista, era jornalista e diretor de comunicações do governador do Tennessee. Francis, ou Fanny, era uma conhecida bibliotecária do Peabody College, que atualmente é uma escola dentro da Universidade de Vanderbilt. A Cold Chimneys era um centro de cultura literária em Nashville; quando estudante na Vanderbilt, Brainard fizera amizade com muitos dos escritores «fugitivos», incluindo John Crowe Ransom, Robert Penn Warren, Cleanth Brooks e Andrey Lytle. Sua casa reunia com frequência os *Nashville literati* numa época em que Nashville era um importante centro das letras americanas. Allen e Caroline Gordon Tate eram visitantes habituais da Cold Chimneys. Flannery O'Connor logo se juntaria ao círculo.

* * *

O *Shenandoah*, mesmo suplemento que havia publicado a crítica de Cheney, publicou «Um golpe de sorte», de Flannery O'Connor, na primavera de 1953. Originalmente intitulado «Mulher nos degraus», o conto se inicia como parte de *Sangue sábio*. Ruby Hill, personagem principal da história, fora irmã de Hazel Motes em sua primeira versão. Desaparecera do romance logo no início do processo de escrita, mas reaparece aqui como uma menina do campo que tenta deixar um terrível passado para trás e levar uma vida mais moderna e mediana na cidade – ou, idealmente, nos subúrbios. Nada a assusta tanto quanto a ideia de engravidar, acreditando que gerar e criar uma criança lhe tirará toda a vitalidade, assim como fizera com sua mãe, que havia gestado oito filhos e, a cada filho, «morria mais um pouco». Uma quiromante diz a Ruby que uma longa doença lhe traria um «golpe de sorte», e o mundo da jovem é devastado quando percebe que está grávida: o golpe de sorte previsto era um bebê.

A história é, «à sua maneira, católica», escreveu Flannery, «por tratar da rejeição da vida em sua fonte»[13]. Todavia, ela não ficou satisfeita com o resultado. Seria antes uma farsa, achava ela, carregar um peso como aquele. Ao mesmo tempo, estava escrevendo outra história que começara como uma farsa antes de se tornar – repentinamente e sem qualquer aviso – sombria. «Um homem bom é difícil de encontrar» é ainda hoje seu conto mais conhecido e mais incluído em antologias. Começa apresentando a mais comum das circunstâncias: uma família dirigindo de Atlanta para a Flórida – com crianças levadas, pais exaltados e uma avó meio maluca que fala quase que exclusivamente por meio de clichês. Eles saem da rodovia, dão meia-volta e são assassinados por condenados foragidos, sob a liderança de um *serial killer* conhecido como Desajustado.

A história é perturbadora. A avó protagonista é superficial, hipócrita, irritante; não é o tipo de pessoa com quem alguém gostaria de fazer uma viagem de carro. No entanto, sua punição – caso seu assassinato seja de fato uma – parece fora de proporção se comparada com seus leves delitos. Como a própria Flannery observou, todos temos uma avó ou uma tia parecida com ela. É difícil imaginá-la face a face com tamanho mal e tamanha violência como a do Desajustado.

«Para o escritor sério», escreveu Flannery, «a violência nunca é um fim em si. É a situação extrema que revela da melhor maneira o que essencialmente somos, e creio que

---

(13) *The Habit of Being*, p. 85.

nesses tempos os escritores estão mais interessados no que são em essência do que em copiar nossas vidas diárias». Isso ajuda a explicar por que uma história que inicialmente parece uma representação berrante, mas leve, da vida cotidiana passe por uma reviravolta como essa.

Descobri que a violência é estranhamente capaz de fazer meus personagens voltarem à realidade e prepará-los para aceitar seu momento de graça. São tão cabeças-duras que nada além disso será capaz de cumprir essa tarefa. Essa ideia de que a realidade é algo ao qual devemos voltar sob um custo considerável é algo raramente compreendido pelos leitores comuns, mas está implícita na visão cristã do mundo[14].

Para a avó, a percepção de que de alguma forma era semelhante ao Desajustado tinha mais valor do que sua vida terrena, mesmo se ela não compreendesse aquilo. Em seu último de muitos esforços para manipular os outros, a avó diz ao Desajustado que ele é um homem bom. Mas ele não é. Seu coração é sombrio. Ainda assim, a percepção de que ela está ligada a ele é uma fenda através da qual a graça pode entrar em sua vida (e sair também, embora o Desajustado rejeite a graça com um tiro).

À medida que a história muda, o elemento cômico em «Um homem bom é difícil de encontrar» e em todas as histórias de Flannery não se mostra incompatível nem com a violência, nem com o elemento espiritual contra o qual ela se volta. «Em geral, de um jeito ou de outro, o diabo sempre pode figurar como assunto para o meu tipo

---

(14) *Mistery and Manners*, p. 112.

de comédia», escreveu Flannery. «Acho que isso acontece porque ele está sempre cumprindo fins que não o seu»[15].

* * *

Às vezes, apareciam pessoas em Andalusia a fim de conhecer a autora. Como ali não havia telefone, normalmente chegavam sem avisar. No fim de abril de 1953, Regina abriu a porta a um estranho que chegara depois de um longo percurso pela Rodovia 441. Era um dinamarquês alto e loiro – um vendedor de livros da Harcourt chamado Erik Langkjaer. Ele fizera ligações comerciais à Georgia State College for Women, onde conheceu Helen Green, amiga e antiga professora de Flannery. Green encorajou o inteligente Langkjaer a prestar uma visita a Flannery – uma das autoras da editora para a qual trabalhava – antes de deixar a cidade.

Regina deixou os dois jovens sozinhos para conversar, e o assunto entre ambos foi muito além das conversas triviais. Falaram de filosofia, teologia, política. Falaram de Dorothy Day, ativista católica que era uma liderança em questões sociais e que Langkjaer conhecera por meio de uma tia. Flannery tinha opiniões contraditórias sobre Dorothy, mas Langkjaer, ao que parecia, não a admirava nem um pouco. «Ele não conseguia entender, disse-me, por que ela alimentava filas infindas de miseráveis para quem não havia esperança; disse que ela nunca veria resultado nenhum com aquilo»[16].

Embora fosse apenas um vendedor de livros, Langkjaer trouxe certo ar de cosmopolitismo a Andalusia. Ele so-

---
(15) *The Habit of Being*, p. 367.
(16) Ibid., p. 58.

brevivera ao divórcio de seus pais e à ocupação nazista da Dinamarca. Chegara aos Estados Unidos depois da guerra para encontrar a mãe, que havia emigrado para Nova York em 1939. Estudara ciência política em Princeton e, depois, filosofia na Fordham University, escola jesuíta na qual ele também lecionou alemão. Na Fordham, aproximara-se do padre William Lynch, cujos escritos ajudaram a desenvolver o estilo de Flannery. Todavia, embora tivesse certa afinidade com o catolicismo, Langkjaer simplesmente não acreditava, e a perspectiva de ensinar filosofia em instituições católicas – o caminho mais óbvio a seguir – causava-lhe considerável angústia. O padre Lynch o aconselhou a deixar Fordham e buscar outro caminho[17].

Langkjaer então encontrou seu caminho vendendo livros pelo sul. Ele e Flannery imediatamente estabeleceram um laço de amizade, e ele com frequência esteve na Andalusia aos fins de semana do restante de 1953 e durante 1954. Langkjaer e Flannery tinham longas conversas na varanda, faziam extensas caminhadas pelos campos e demorados passeios de carro pelas estradas do interior.

* * *

No verão de 1953, Flannery estava suficientemente bem para viajar. Após receber uma visita dos Cheney em junho, foi retribui-la no fim de julho ou em agosto, quando voou até Nashville para um fim de semana. No mesmo mês de agosto, ficou nos Fitzgerald por três semanas, as quais foram consideravelmente mais calmas do

---

(17) Mark Bosco, «Erik Langkjaer: The One Flannery "Used to Go With"», *Flannery O'Connor Review*, vol. 5, p. 46.

que a visita anterior. Aquela foi a última visita de Flannery antes de eles se mudarem para a Itália. Durante o restante da vida de Flannery O'Connor, os Fitzgerald não voltariam a morar nos Estados Unidos.

Logo depois do retorno da jovem, os «refugiados de guerra» cuja chegada Regina estivera preparando há um ano e meio enfim chegaram. Vindo da Polônia pela Alemanha Ocidental, os Matysiak estavam entre os milhões de europeus orientais que tinham ficado desabrigados após a Segunda Guerra Mundial. Dos campos de refugiados na Europa, essas famílias espalharam-se pelo mundo. Algumas chegaram ao interior da Geórgia para trabalhar nas fazendas, mas, de acordo com Flannery, «normalmente as famílias que vêm para o trabalho com laticínios são [...] de sapateiros e partem para Chicago tão logo conseguem juntar o dinheiro necessário. E ninguém há de culpá-las por isso»[18].

Os Matysiak eram trabalhadores esforçados, mas forasteiros demais para Milledgeville. Em Andalusia, foram jogados numa complicada dinâmica de raça e classe que lhes era tão estranha quanto eles eram para os outros. Havia o problema entre negros e brancos, mas também as diferenças entre as O'Connor, que eram donas do local, e a família do leiteiro, os Stevens. Foi a sra. Stevens quem dissera, a respeito da última família de refugiados (que nunca chegara): «Você acha que eles sabem que cor é essa?».

Essas complexidades tornaram-se a base do conto «O refugiado de guerra», escrito no outono de 1953. Nele, uma família de refugiados europeus chega a uma fazenda

---

(18) *The Habit of Being*, p. 30.

de gado leiteiro e, graças à sua diligência e atenção com o trabalho, abalam totalmente a dinâmica social da fazenda, onde as hierarquias eram distribuídas segundo uma curva bastante generosa. A reviravolta da história começa quando o refugiado de guerra sugere que um dos fazendeiros negros se case com sua prima a fim de que ela possa sair do campo de refugiados na Europa. A quebra desse tabu social tem um desfecho trágico; no fim das contas, todos na história são refugiados.

Não houve tragédia semelhante em Andalusia, embora nunca faltasse muito drama. Os Matysiak deixaram a fazenda em 1954, mas voltaram dois anos depois. Ainda hoje encontra-se o sobrenome em Milledgeville.

O segundo semestre de 1953 foi um período de grande produtividade para Flannery. Além de «O refugiado de guerra», ela escreveu também «Um círculo no fogo» e «Um templo do Espírito Santo».

«Também temos um colégio para garotas aqui», escreveu Flannery certa vez sobre Milledgeville, «mas o ambiente enfeitado felizmente é destruído por um reformatório, um sanatório e uma escola militar»[19]. O reformatório de garotos, na verdade, ficava perto de Andalusia, e os foragidos às vezes corriam na direção das O'Connor. Ela escreveu a uma amiga:

> Estamos ocupadas como anfitriãs do submundo juvenil. O reformatório fica a aproximadamente um quilômetro e meio daqui, e os moleques fogem nessa época do ano. Na semana passada foram seis num único dia, um no seguinte e dois no outro. Eles os

---

(19) Ibid., p. 69.

perseguem pela floresta ao lado de outros meninos do reformatório. Preferiríamos que usassem cães[20].

Esses delinquentes errantes encontram seu lugar em «Um círculo no fogo». Três adolescentes aparecem numa fazenda muito semelhante a Andalusia. Desde o início fica claro que são inclinados a uma destruição despropositada. Parte da ação da história é observada pelos olhos de uma pré-adolescente, filha de uma viúva que administra a fazenda. Ela fica tão fascinada quanto assustada com os garotos. Observa-os de seus esconderijos e tenta compreendê-los, mas não tem recursos para entender o que está vendo.

«Um templo para o Espírito Santo» também é narrado desde o ponto de vista de uma adolescente. Uma garota de doze anos e inteligência precoce descobre quão jovem é quando suas duas primas malucas, de catorze anos de idade, chegam para uma visita. Os mistérios da sexualidade, ainda inacessíveis à jovem, tornam-se tanto mais assustadores quando as primas voltam de um *show* de aberrações contando a história de um hermafrodita.

É bastante perigoso tentar deduzir a psicologia de um autor a partir de sua ficção. No entanto, é difícil não interpretar as garotas de «Um círculo no fogo» e «Um templo para o Espírito Santo» à luz do relacionamento entre Flannery O'Connor e Erik Langkjaer. Em toda a sua obra, essas são as duas únicas histórias que empregam o ponto de vista de uma jovem[21]. Flannery, que resol-

---

(20) Ibid., p. 339.
(21) «Uma vista da mata» tem uma personagem jovem, mas a história é contada do ponto de vista de seu avô.

veu não crescer além dos doze anos de idade, teve pouquíssimas experiências românticas. Mas, ao menos em sua imaginação, via-se no início de um relacionamento romântico maduro. Em outras palavras, ela estava essencialmente atenta aos medos, dúvidas e incompreensões de uma adolescente que acabava de despertar para a própria sexualidade.

O fim de 1953 chegou com um novo desdobramento para a saúde de Flannery O'Connor, que começou a mancar devido a uma nova dor no quadril. Os médicos garantiram que aquela dor não tinha relação direta com o lúpus, mas tratava-se de reumatismo. Flannery escreveu a uma amiga: «Não acredito que suportei o lúpus por quatro anos e então ficarei aleijada pelo reumatismo (uma doença um tanto comum) no quadril»[22]. Ela reclamava de não estar mal o suficiente para ter de usar uma bengala, e por isso «então apenas estar um pouco bêbada o tempo todo».

Sua fraqueza não ajudou em nada sua vida amorosa. Ela se apaixonou por Erik Langkjaer; anos depois, referia-se a ele como alguém com quem «costumava se encontrar». Mas Langkjaer não demonstrou interesse. Refletindo tempos depois sobre seu relacionamento com Flannery, ele escreveu: «A luta contra o lúpus deformou seus traços, e eu não era maduro o suficiente para considerar a sério a possibilidade de casamento»[23].

Em maio de 1954, Langkjaer buscou Flannery em seu carro e a levou para dar uma volta no campo. Disse-lhe que regressaria à Dinamarca no verão. Mark Bosco conta

---

(22) *The Habit of Being*, p. 67.
(23) Bosco, p. 45.

«PARECE QUE ATRAIO A ALA DOS LUNÁTICOS»

a história daquele passeio com base em entrevistas feitas com Langkjaer:

> Ele virou numa estrada secundária e desligou o motor. Puxou Flannery em sua direção, conta, e ela não se afastou. Apenas um ou dois beijos foram trocados, mas o seu efeito sobre Erik foi espantoso. Ele sentiu não apenas a evidente falta de experiência de Flannery, mas sentiu-se imediatamente assustado com a doença, possivelmente ao perceber, pela primeira vez, como ela estava enferma[24].

É claro que Flannery ficou confusa ao ser beijada por um homem e, imediatamente depois, ouvi-lo dizer que estava indo embora.

Enquanto Langkjaer se encontrava na Europa, Flannery escreveu para ele regularmente. Em suas cartas havia uma ternura que não aparece em nenhum outro lugar de suas correspondências. «Não vi mais estradas de terra desde que você se foi e tenho saudades», escreveu ela.

Suas cartas para Langkjaer têm a mesma inteligência astuta, literária, filosófica e teológica que as outras, mas são pontuadas com palavras de amor de cortar o coração. «Querido, querido Erik» – escreveu quando ele lhe contou que ficaria em Copenhagen por seis meses, e não só no verão – «Você é profunda e maravilhosamente autêntico, e essa minha impressão provavelmente seria maior se eu ainda não tivesse a esperança de vê-lo voltar desse lugar terrível»[25].

---

(24) Ibid., p. 47.
(25) Ibid., pp. 48-49.

Ela confidenciou que chamou um de seus pintinhos recém-nascidos de Erik. Escreveu longamente sobre a esperança de que ele passasse pela conversão religiosa. No entanto, as cartas de Langkjaer foram se tornando cada vez mais raras – fato que não escapou a Regina O'Connor. «Escreva-me um cartão-postal qualquer, por favor, para que eu tenha uma desculpa para enviar-lhe uma carta», pediu Flannery. «Minha mãe não acha apropriado mandar correspondências sem recebê-las.»

«Escreva-me, pois quero tanto lhe ouvir», escreveu Flannery em carta posterior. Num *post scriptum* manuscrito encerrando a missiva, ela acrescentou: «Sinto como se eu e você pudéssemos conversar por mil anos sem parar»[26].

Porém, no fim das contas talvez ela não quisesse ouvir o que ele tinha a dizer. Logo depois de enviar aquela carta, Flannery finalmente recebeu uma resposta de Langkjaer: a carta trazia a notícia de que ele estava prestes a se casar com uma mulher que conhecera em Copenhagen. Flannery nunca mais o veria novamente.

---

(26) Ibid., p. 50.

8
Um homem bom é difícil de encontrar
1954-1955

Flannery levou cinco anos para terminar *Sangue sábio*, e seu segundo romance não viria tão rápido. Ela deu a entender que o ímpeto produtivo de 1953 e 1954, que resultara em «Um homem bom é difícil de encontrar», «Um círculo no fogo», «Um templo do Espírito Santo» e «O refugiado de guerra», servira em parte para adiar a escrita de seu romance. «A agonia passa mais rápido» com os contos, afirmou[1].

No fim de 1953, Flannery começou a reunir seus contos para a coletânea que seria lançada em 1955 sob o título *Um homem bom é difícil de encontrar e outras histórias*. Na primavera de 1954, ela começou a escrever um novo conto chamado «O negro artificial». O título faz

---

(1) *The Habit of Being*, p. 172.

referência às estátuas de jóqueis negros que eram comuns nas comunidades brancas do Sul. A história começou a ser desenvolvida durante uma ida aventurosa ao campo para comprar gado, quando Regina parou para pedir informações. Era impossível não encontrar a casa, disseram-lhe, pois «era a única casa da cidade com um negro artificial». Além de ter se impressionado com a frase em si, Flannery viu aquilo como «uma representação terrível do que o Sul fez consigo»[2].

«O negro artificial» é a história de um homem do campo chamado sr. Head e seu inconveniente netinho Nelson. Embora tenha sido criado no campo pelo avô e não se lembre de mais nada, Nelson orgulha-se de ter nascido em Atlanta. O sr. Head leva o garoto até Atlanta com o único propósito de demonstrar que a cidade «não é tão boa assim» para gente como eles. O avô supõe que, uma vez que Nelson vir que a cidade em que nasceu está cheia de negros, deixaria de se gabar disso. Quando o sr. Head e Nelson se perdem e chegam a um bairro negro, ambos sentem que estão além de seus limites. Num momento de perigo e medo, quando Nelson finalmente compreende o quanto precisa de seu avô, o sr. Head nega até mesmo conhecer o menino. Assim, ele é forçado a ficar frente a frente com a própria falência moral – e, a despeito dela, com a possibilidade da graça. O penúltimo parágrafo do conto manifesta os propósitos teológicos de Flannery com mais clareza do que o habitual:

> Julgando-se pela meticulosidade de Deus, mantinha-se estarrecido, enquanto a ação da misericórdia

---

(2) Ibid., p. 140.

aderia como chama a seu orgulho e o queimava. Se jamais se tomara por grande pecador, via agora entretanto que sua corrupção verdadeira só lhe fora ocultada para não lhe causar desespero. Deu-se conta de estar sendo perdoado por pecados que vinham do começo dos tempos [...] Viu que nenhum pecado era monstruoso demais para ele reclamar como seu e, já que Deus amava na mesma proporção em que perdoava, sentiu-se pronto, naquele instante, a ingressar no Paraíso[3].

Flannery achava que «O negro artificial» era a melhor coisa que já escrevera. Passou dois ou três meses trabalhando no conto, buscando a melhor maneira de apresentar, por meio da ficção, «uma aparente ação da graça».

«O que queria sugerir com o negro artificial», escreveu, «era a qualidade redentora do sofrimento dos negros por todos nós»[4]. Os leitores ficaram decepcionados, no entanto, com o fato de a redenção do sr. Head não tornar nem um pouco brandos os seus comportamentos intolerantes. O sr. Head nunca parece perceber – embora o perceba claramente o leitor – que os negros com os quais ele se depara são mais humanos do que ele mesmo. Quando o sr. Head e Nelson se reconciliam, reconciliam-se com uma piada racista. O que quer que tenha mudado nos dois ao fim da história não foi o seu preconceito. Eis outra estranha expressão da graça – uma

---

(3) *Contos completos*, p. 342.
(4) *The Habit of Being*, p. 74.

graça que demonstra, mesmo quando cumpre seu papel, o quanto precisa dela aquele que a recebeu.

John Crowe Ransom aceitou publicar «O negro artificial» na *Kenyon Review*. Opôs-se ao título, mas Flannery fincou o pé. «A história toda é mais perigosa à sensibilidade das pessoas brancas do que das negras», escreveu ao editor[5]. A sua intenção era mesmo que o título fosse chocante e ofensivo. O conto foi publicado – com o título original – na edição da primavera de 1955.

Em 15 de novembro de 1954, Flannery enviou a Robert Giroux um manuscrito de sua reunião de contos. Depois de um mês, entretanto, mudou de ideia: seguindo os conselhos de Caroline Gordon, que ainda lia e comentava tudo o que ela escrevia, Flannery revisou e ampliou «O negro artificial». Essa edição do conto fez o livro ultrapassar o número permitido de páginas, e Giroux sugeriu a ela que fizesse cortes tanto em «Uma tarde na mata» (revisão de «O peru», que fizera parte da tese do mestrado) como em «Um golpe de sorte», a fim de abrir espaço para as novas páginas. Flannery decidiu remover os dois contos da coletânea.

Durante o inverno de 1955, o reumatismo no quadril piorou. Flannery começou a andar com uma bengala. O dr. Merrill garantiu que aquela dor crescente não era indício de que o lúpus voltava a se manifestar, mas apenas da presença do reumatismo. Depois da grande decepção que se seguira a seu diagnóstico original, Flannery mostrava-se relutante – e com razão – em concordar com as

---

(5) *A Life of Flannery O'Connor*, p. 253. Citado originalmente em Sally Fitzgerald e Ralph C. Wood, «Letters to the Editor», *Flannery O'Connor's Bulletin*, 1994-95, pp. 175-183.

palavras do médico. «Eu só acreditaria nele se a dose de ACTH não aumentasse. Além disso, acho que agora já não importa o nome que daremos a ela»[6]. No fim de março Flannery escreveu a Giroux para contar que havia se livrado da bengala. Teria, no entanto, de lidar com uma dor aguda no quadril pelo resto da vida, alternando o uso de bengala e muletas com alguns poucos períodos sem auxílio.

Em fevereiro, Flannery O'Connor se sentou e escreveu um novo conto em três dias – um ritmo inédito para ela. «Gente boa da roça» é a história de Joy-Hulga Hopewell, jovem formada, desempregada e intelectualmente orgulhosa que mora com a mãe viúva na fazenda da família. Tem uma perna de madeira, uma vez que perdera a sua num acidente de tiro, e empenhara-se em ser tão feia, introspectiva e estranha quanto pudesse, numa expressão de seu niilismo intelectual. O nome Hulga é uma invenção, escolhido por sua estranheza e para substituir o nome que a mãe lhe havia dado: Joy.

Quando um jovem vendedor de Bíblias aparece, Joy-Hulga coloca na cabeça que deve seduzir o garoto. Ela imagina que seria fácil, e logo pensa que, por ser livre das amarras da moral convencional, teria de ajudar o pobre vendedor a lidar com a culpa que inevitavelmente resultaria da perda de sua inocência:

> Até mesmo em mente inferior um verdadeiro gênio é capaz de incutir determinada ideia. Mas ela também imaginou que tomava nas próprias mãos o seu remorso e o transformava numa compreensão mais

---

(6) *The Habit of Being*, p. 74.

aprofundada da vida. Despia-o de toda a vergonha, tornando-a assim em coisa útil[7].

No entanto, no fim das contas, é o vendedor de Bíblias quem leva vantagem. Ele a conduz até o palheiro para a «sedução» e, depois de a ter convencido a tirar a perna de madeira, rouba-a e abandona a jovem no celeiro. Pouco antes de sumir escada abaixo, zomba da situação totalmente vulnerável de Hulga: «"Além disso, tem outra coisa, Hulga", acrescentou, pronunciando o nome como se achasse bem desprezível. "Fique sabendo que você não é tão esperta. Desde que nasci eu não acredito em nada!"»[8].

Vale a pena lembrar que Flannery escreveu esse conto na mesma época das cartas não respondidas por Erik Langkjaer, o vendedor de livros itinerante que despertara-lhe esperanças românticas, talvez pela primeira vez, e depois a abandonara na fazenda.

Como de costume, Flannery enviou «Gente boa da roça» a Caroline Gordon. Ela e o marido, Allen Tate, acharam que fora a melhor coisa que Flannery já havia escrito. Em 26 de fevereiro, a apenas três meses de sua coletânea de contos ter sua data de lançamento agendada, ela escreveu novamente ao editor e pediu uma nova alteração no livro. «É um conto que sustentaria mesmo toda a coletânea»[9], escreveu. E seria o único conto da compilação que nunca teria sido publicado em lugar nenhum. Depois de ler o material, Giroux concordou que

---

(7) *Contos completos*, p. 361.
(8) Ibid., p. 369.
(9) *The Habit of Being*, p. 75.

«Gente boa da roça» deveria ser incluído no volume. Ele removeu «Uma tarde na mata» para abrir espaço (embora tenha mantido «Um golpe de sorte»).

À medida que se aproximava o lançamento de *Um homem bom é difícil de encontrar*, Flannery passava mais tempo falando em público. No fim de março, participou de uma conferência de escritores em Greensboro, Carolina do Norte. «O cenário foi o pior possível, pois nunca consigo pensar em nada para falar sobre as histórias, e as conferências são hilárias», escreveu ao amigo Robie Macauley. «Participei de uma com um intelectual delinquente de Kenyon que jamais se convenceria de que não escreveu uma história, e outra com garotas que escreveram sobre a vida nos dormitórios»[10]. Muitas vezes, com o passar do tempo, viu-se tendo de ensinar escritores iniciantes e estudantes no ambiente das conferências e seminários, mas não tinha muita paciência com essa gente. «Se há algo que não suporto é o jovem escritor ou intelectual», escreveu certa vez. Mas os seus colegas pagavam-lhe bem por isso, e, embora fossem proprietárias de uma grande fazenda de laticínios, Regina e a filha precisavam do dinheiro.

Ela também passou a aparecer cada vez mais nos clubes de leitura locais e nos círculos literários, que constituíam uma rica fonte de anedotas para suas correspondências. Quando o Macon Writer's Club ofereceu um café da manhã em sua homenagem em 23 de abril de 1955, uma senhora a informou de que aquele era um dia especial: aniversário de William Shakespeare, Harry Stillwell Edwards e Shirley Temple. Essa mistura de cul-

---

(10) Ibid., p. 81.

tura literária e popular – Shakespeare e Shirley Temple – era exatamente do gosto de Flannery. Ela sempre vira esses eventos com um olhar irônico. «Nesses últimos anos, desperdicei meu tempo escrevendo», disse a um amigo. «Meu talento faz parte de um tipo de *vaudeville* intelectual. Eles não entendem exatamente o que digo, mas sentem-se inspirados. [...] Minha mãe acredita que isso é muito bom para expandir meu universo; ela acha que minha visão é muito limitada»[11].

Flannery O'Connor cultivava avidamente seu interesse pela cultura popular, sobretudo pelas variedades de protestantismo que circulavam à sua volta nas mídias de massa. Não perdia o dr. Frank Crane, comentarista de costumes a quem descrevia como uma «mistura excêntrica de fundamentalismo (contra a uva), psicologia, administração de empresas e Dale Carnegie»[12]. Publicado na mesma página das tirinhas no Atlanta Constitution, tratava-se de um profeta do pensamento positivo, noticiando regularmente histórias de sucesso de pessoas que sorriam e cumprimentavam umas as outras. Flannery, de gozação, dizia que ele era seu «teólogo protestante favorito»[13].

Em certo sentido, entretanto, Flannery devia ser levada a sério ao falar de dr. Crane como teólogo protestante. Segundo seu ponto de vista, o protestantismo americano era cada vez mais moldado pela teologia do «bem-estar». Sobre a evangelista Ruth Plunkett, ela declarou: «Plunket é realmente moderna ao resumir as coisas assim: "Reze,

---

(11) Ibid., p. 80.
(12) Ibid., p. 106.
(13) Ibid., p. 81.

e a sua comida ficará mais saborosa". Essa é apenas mais uma versão do "Dar graças antes de comer ajuda na digestão", que é o que a religião está se tornando em alguns lugares»[14].

Flannery olhava para os Crane e os Plunketts do mundo com um divertido desprendimento. Todavia, seu interesse pelos fundamentalistas e outros forasteiros religiosos, tal qual incorporado em sua ficção, jaz em outra parte. Liberto de qualquer dogma, o protestantismo de massa, segundo Flannery, estava fadado ao fracasso de qualquer forma; todavia, ainda que Flannery o julgasse errado, o fundamentalista tinha ao menos uma noção de autoridade doutrinal e escriturística em comum com Flannery e os outros católicos. De acordo com o raciocínio da jovem,

> O católico acha mais fácil compreender o ateu do que o protestante, mas mais fácil amar o protestante do que o ateu. O fato é que os protestantes fundamentalistas, em relação à doutrina, estão mais próximos de seu tradicional inimigo, a Igreja de Roma, do que dos elementos mais avançados de seu protestantismo[15].

Flannery não povoou seus contos com fanáticos religiosos a fim de zombar deles. Embora os modernistas sejam ridicularizados o suficiente em sua ficção, os praticantes da «religião dos velhos tempos» tendem a falar a verdade, ainda que sem querer.

---

(14) Ibid., p. 89.
(15) Ibid., p. 341.

Essa confusão com relação à verdade é o que Flannery quis expressar com o termo «sangue sábio». Na ausência dos sacramentos, acreditava Flannery, o protestantes deviam seguir seus instintos. Trata-se de uma maneira desajeitada de chegar à verdade, mas ela dá a entender que isso às vezes funciona.

* * *

Enquanto Flannery cultivava com diligência seu interesse pela cultura popular, a cultura popular cultivava seu interesse em Flannery. Harvey Breit, editor-assistente do *New York Times Sunday Book Review*, convidou-a para uma entrevista em seu novo programa de livros e autores, o *Galley Proof*, em 31 de maio de 1955. Como complemento à conversa, três atores dramatizaram uma cena de «A vida que você salva pode ser a sua». «Você consegue imaginar o quanto isso irá me corromper?», perguntou graciosamente a Robert Macauley. «Já me sinto uma combinação de monsenhor Sheen [celebridade católica do rádio e da televisão] com Gorgeous George [um pugilista profissional]»[16].

Galley Proof foi ao ar às duas e meia da tarde de uma terça-feira. Flannery O'Connor demonstrou certa preocupação com as crianças que «esperavam ansiosamente por assistir ao Batman» depois da escola e, em vez disso, depararam-se com seu «olhar glacial»[17]. Ela não parecia especialmente confortável durante a entrevista, e suas respostas a Harvey Breit tendiam a ser breves, quiçá um tanto ásperas. Ele estava interessado em sua «sulice» e fez

---

(16) Ibid., p. 81.
(17) Ibid.

diversas perguntas sobre a influência da região em sua escrita. «E esses personagens fascinantes?», perguntou. «Você os conhece todos? Já viu pessoas como eles?».

«Bem, não, não mesmo», respondeu Flannery. «Vi muitas pessoas como eles, acho, e vi a mim mesma. Creio que, juntando todas essas pessoas, chega-se a esses personagens». Flannery insistiu, no entanto, que as suas histórias não eram «sobre» o sul, embora fossem sulistas: «Um romancista sério está em busca da realidade. E é claro que, quando você é sulista e está em busca da realidade, a realidade que você cria terá um sotaque sulista, mas é apenas um sotaque – não é a essência do que você está tentando fazer».

* * *

Depois da dramatização de um trecho de «A vida que você salva pode ser a sua», Harvey Breit perguntou: «Flannery, você gostaria de contar ao público o que acontece nessa história?». E Flannery foi inflexível: «Não, absolutamente. Não é possível parafrasear uma história como essa. Acho que só há uma maneira de contá-la, e é a maneira que está no conto»[18].

Flannery descreveu sua experiência na televisão como «levemente horrorosa». Ela participou de outras entrevistas semelhantes enquanto esteve em Nova York, mas seu coração não estava ali. «Tive entrevistas com este aqui e aquele ali, almocei com este e aquele, [...] e em geral conseguia me comportar como se tudo estivesse muito bem, mas eu tinha coisas a resolver em casa»[19].

---

(18) *Conversations with Flannery O'Connor*, p. 8.
(19) *The Habit of Being*, p. 85.

Menos de uma semana depois da publicação de *Um homem bom é difícil de encontrar*, Flannery viu que o clima na editora havia «se convertido num grande entusiasmo». Deu-se conta de que a coletânea de contos estava recebendo mais atenção do que seu romance e esperava que isso resultasse em mais vendas. Enquanto estava em Nova York, Flannery também assinou um contrato para o romance em que estivera trabalhando intermitentemente logo depois que *Sangue sábio* fora publicado.

Havia ainda outra questão de trabalho para Flannery tratar quando em solo nova-iorquino. No fim de março, Robert Giroux saíra da Harcourt para trabalhar na Farrar, Straus, and Cudahy. A nova editora de Flannery era Catharine Carver. Isso lhe agradou; como dissera a Carver, «[Giroux] me falou certa vez que você fazia todo o trabalho, algo de que eu já suspeitava»[20]. Flannery passaria a confiar no juízo literário de Catharine Carver quase na mesma medida em que confiava no de Caroline Gordon; no entanto, queria proteger-se de quaisquer mudanças ulteriores na equipe editorial. Katherine McKee, sua agente, acrescentou uma cláusula em seu contrato segundo a qual ela poderia romper o acordo com a Harcourt se houvesse novas mudanças nos editores.

* * *

Um homem bom é difícil de encontrar e outras histórias foi lançado em 6 de junho de 1955. Flannery dedicou o livro aos Fitzgerald («Nove histórias sobre o pecado

---

(20) Ibid., pp. 76-77.

original, com meus cumprimentos», gracejou quando contou aos amigos sobre a homenagem[21]. Flannery não errara ao achar que a maior atenção dada ao livro resultaria em vendas: foram quatro mil exemplares vendidos até setembro – não são números de *best-sellers*, mas bastante respeitáveis para uma coletânea de contos. Em julho, a editora Catharine Carver noticiou que *Um homem bom é difícil de encontrar* estava vendendo mais do que qualquer outro título de seu catálogo, exceto as obras do monge trapista Thomas Merton – «o que não diz muito sobre o seu catálogo», destacou Flannery.

Assim como no livro anterior, as resenhas sobre o novo livro de Flannery O'Connor foram diversas. Caroline Gordon ofereceu à amiga uma crítica radiante nas páginas do *New York Times Book Review*. «A srta. O'Connor é a escritora mais realista e pé no chão que se pode encontrar», escreveu. «Ainda assim, muita gente diz que sua obra é de compreensão difícil. Talvez seja porque ela use o simbolismo de maneira que não tem sido usada por nenhum de seus contemporâneos»[22].

A observação de Caroline Gordon encontrou eco em outras críticas de *Um homem bom é difícil de encontrar*, tanto de maneira positiva quanto negativa. A *Time* referiu-se às histórias como «terrivelmente sarcásticas», marcadas por um «embaraço artístico sempre que abandonava a franqueza brutal para buscar significados mais profundos». A crítica da *Time* mais uma vez traçou paralelos entre a obra de Flannery e a de Erskine Caldwell: «O sul

---

(21) Ibid., p. 74.
(22) *Critical Essays on Flannery O'Connor*, p. 24. Originalmente publicado em *New York Times Book Review*, 12 de junho de 1955, p. 5.

que sorri escancarado, que ataca e resmunga nessas páginas move-se ao longo de uma espécie de *Tobacco Road* atualizada, pavimentada até a cidade»[23]. Flannery escreveu que aquela crítica em particular «quase me causou apoplexia»[24].

A *Kenyon Review*, que havia estampado em suas páginas diversas histórias contidas em *Um homem bom é difícil de encontrar*, publicou uma crítica que descrevia o livro como «profano, blasfemo e ultrajante», embora o crítico não parecesse achar isso algo necessariamente mau. «A srta. O'Connor é coerente em sua condenação», escreveu. «Seu imenso catálogo das doenças sociais é como uma lista médica de sintomas procurando por um corpo»[25].

A observação da *Kenyon Review*, na verdade, não era uma resenha negativa. Todavia, na cabeça de Flannery, foi mais uma entre tantas que não tinham entendido nada do que ela estivera tentando fazer com seus contos. «Estou farta de ler críticas que chamam *Um homem bom* de brutal e sarcástico», escreveu.

> As histórias são cruéis, mas são cruéis porque não há nada mais duro e não sentimental do que o realismo cristão. Acredito que haja muitas bestas cruéis curvando-se agora para Belém a fim de renascer e que registrei o progresso de algumas delas. Sempre que vejo essas histórias descritas como histórias de

---

[23] *The Critical Response to Flannery O'Connor*, pp. 24-25. Originalmente publicado em *Time*, 6 de junho de 1955, p. 114.

[24] *The Habit of Being*, p. 89.

[25] *The Critical Response to Flannery O'Connor*, p. 26. Originalmente publicado em *Kenyon Review*, XVII, 1955, pp. 664-70.

terror, eu rio, pois o crítico sempre se apega ao horror errado[26].

Para Flannery, o verdadeiro horror nunca esteve na violência ou na deformidade, mas na condenação. O horror que desperta uma alma para seu próprio perigo e a prepara para receber a graça não é horror, mas misericórdia. «O diabo», escreveu, «cumpre um bom trabalho de base que parece necessário antes da ação da graça»[27].

A recepção de Flannery entre os católicos não foi muito melhor do que sua recepção entre os críticos. Depois de publicar «Um templo do Espírito Santo», a autora recebeu uma carta de uma leitora de Boston. «Ela dizia que era católica e por isso não conseguia entender como alguém poderia sequer TER tais pensamentos». Flannery convenceu a leitora com uma carta tão ortodoxa em sua teologia que a carta «poderia ter sido assinada pelo bispo»[28].

De Graham Greene e Evelyn Waugh a Caroline Gordon e Walker Percy, houve em meados do século XX um grande número de escritores católicos comprometidos com os mais altos padrões literários. No entanto, muito do que veio a ser classificado como «literatura católica» foi escrito no que Flannery chamava de «estilo piedoso». Mencionando a obra de outro escritor católico, ela comentou tratar-se «apenas de propaganda, e ser propaganda a favor dos anjos só piora as coisas. O romance é uma

---

(26) *The Habit of Being*, p. 90.
(27) *Mistery and Manners*, p. 117.
(28) *The Habit of Being*, p. 82.

forma de arte, e, quando o utiliza para qualquer coisa que não seja arte, você o corrompe»[29].

Em «A Igreja e o escritor de ficção», ensaio para o jornal católico *America* que fora antes uma palestra ministrada no clube de mulheres Macon, Flannery fala sobre os falsos conceitos literários de muitos de seus correligionários: «Geralmente supõe-se, e não menos entre os católicos, que o católico que escreve ficção deve usar a ficção para provar a verdade da Fé ou, ao menos, provar a existência do sobrenatural». No entanto, se na obra acabada ficar aparente que «ações importantes foram fraudulentamente manipuladas ou ignoradas ou atenuadas» com a intenção de forçar uma agenda qualquer, a obra fracassa do ponto de vista artístico – e fracassa igualmente em afirmar sua intenção. Mesmo o escritor mais bem-intencionado «não deve manipular ou moldar a realidade em nome da verdade abstrata»[30].

A missão do escritor de ficção, seja ele cristão ou não, é olhar claramente e sem medo para o que é – e não para o que deveria ser – e usar esses fatos concretos como matéria-prima de sua obra. Ironicamente, apenas quando o escritor de ficção obedece às leis de sua arte em vez de recorrer à propaganda é que a ideia de Transcendência encontra uma chance de se expressar. «Quando a ficção é feita de acordo com sua natureza, deve reforçar nosso senso do sobrenatural trazendo-o à realidade concreta e perceptível»[31].

Flannery também argumentou que, «se o escritor católico espera revelar mistérios, terá de fazê-lo descreven-

---

(29) Ibid., p. 157.
(30) *Mistery and Manners*, p. 145.
(31) Ibid., pp. 147-148.

do verdadeiramente o que ele vê ali onde está. Uma visão afirmativa não lhe pode ser exigida sem que se limite sua liberdade de observar o que o homem fez com as coisas de Deus». Flannery contentava-se em deixar afirmações banais aos «doutores Cranes» do mundo. Seu trabalho consistia em revelar mistérios, e isso exigia, por sua vez, a liberdade de percorrer todo o mundo «do que é», não obstante a sua feiura.

9
«O nome exato das coisas de Deus»
1955-1956

Em julho de 1955, Flannery O'Connor recebeu uma carta que lhe chamou a atenção. Viera de uma fã chamada Elizabeth Hester, vendedora de crédito numa empresa em Atlanta que obviamente achava que Flannery estava fazendo algo imensamente importante em sua ficção tão «consciente de Deus». Flannery respondeu a Hester: «Estou muito contente por ter recebido sua carta. Talvez seja mais surpreendente para mim encontrar alguém que reconheça meu trabalho pelo que tento fazer do que seja para você encontrar por perto um escritor com consciência de Deus. Estamos a 140 quilômetros de distância, mas sinto que a distância espiritual é mais curta»[1].

Essa fora a primeira das 150 cartas que Flannery O'Connor escreveria a Betty Hester ao longo dos últimos nove anos de sua vida. Entre as missivas da autora, estas se destacam pela sinceridade. Nelas, Flannery revelou

---
(1) *The Habit of Being*, p. 90.

seus processos interiores de forma como raramente fez em outras cartas. Falava sobre seu pai e sobre a verdadeira natureza de sua doença – assuntos sobre os quais quase nunca se deu o trabalho de escrever.

Em *O hábito de ser*, Sally Fitzgerald ocultou a identidade de Hester, chamando-a de «A» a pedido dela. Muito reservada, Betty pediu que não fosse identificada até sua morte, que ocorreu em 1998, no dia de Natal, quando suicidou-se. O entusiasmo com o qual Flannery travou essa relação epistolar revela o quanto lhe faltavam diálogos intelectualmente estimulantes. Embora a viagem de Atlanta a Milledgeville fosse fácil (Hester era conhecida do tio de Flannery, Louis Cline, em Atlanta, e poderia ter conseguido uma carona a qualquer momento), Flannery e Elizabeth viram-se pouquíssimas vezes. Como Sally Fitzgerald afirma em nota a *O hábito de ser*, «temos sorte por elas terem se encontrado tarde e com pouca frequência, pois tudo o que Flannery teria a dizer a essa amiga excepcionalmente importante não pôde ser dito em conversas, mas teve de ser escrito»[2].

Além de ser uma leitora voraz, inteligente e intelectualmente curiosa, Betty Hester era também agnóstica e nutria um interesse genuíno em saber mais sobre Deus e a Igreja. Era sem dúvida uma amizade verdadeira – jamais um peso para Flannery. («Não tenho a obrigação de escrever cartas», escreveu a Betty. «Mesmo assim, que fique claro que lhe escrevo livremente, sem qualquer relação com qualquer personagem, dever ou compulsão»[3]). As cartas de Flannery, no entanto, davam às vezes a impressão de

---

(2) Ibid., p. 89.
(3) Ibid., p. 152.

que ela via a amiga agnóstica como um projeto pessoal, um projeto que tomara para si a fim de organizar o que acreditava, de modo que fizesse o maior sentido possível a alguém que não compartilhasse de suas crenças.

A história de vida de Flannery O'Connor é sobretudo a história de sua vida interior. E, de maneira que não encontra paralelos em sua obra, as cartas a Hester lançavam luz sobre essa vida – quem ela era como fiel, como escritora, como sulista, como ser humano. Se há muito humor e cerimônia naquelas missivas, há também algo mais urgente no modo como a autora revela a si mesma.

Na primeira carta a Betty, Flannery escreveu:

> Escrevo como escrevo por ser (e não apesar de) católica. Isso é um fato, e nada dá conta dele senão uma afirmação contundente. No entanto, sou uma católica particularmente possuída pela consciência moderna, aquela que Jung descreve como anti-histórica, solitária e culpada. Possuí-la dentro da Igreja é carregar um fardo, o fardo necessário à consciência católica. É sentir a situação contemporânea em seu último grau. Creio que a Igreja seja a única coisa que tornará suportável o terrível mundo ao qual estamos chegando; a única coisa que torna a Igreja suportável é que, de certa maneira, ela é o corpo de Cristo e que nela somos alimentados. Parece fato que você tenha de sofrer tanto da Igreja quanto por ela; no entanto, se você acredita na divindade de Cristo, tem de amar o mundo ao mesmo tempo que se esforça para suportá-lo. Talvez isso explique a falta de amargura nas histórias[4].

---

(4) Ibid., p. 90.

A ideia da interação da verdade absoluta, de um lado, com a descrença moderna, cética e autossuficiente, de outro, é a chave para a visão de Flannery O'Connor a respeito de seu projeto. Em sua carta seguinte a Betty Hester ela escreveu: «Meu público são as pessoas que pensam que Deus está morto. Ao menos é para essas pessoas que penso escrever»[5]. Escrever para esse público exigia que ela descobrisse toda uma nova linguagem. Um escritor como Dante, vivendo no século XIII, tinha o benefício de compartilhar com seu público-leitor um conjunto comum de convicções. Flannery, por sua vez, teve de criar novos meios literários a fim de comunicar-se com leitores naturalmente antipáticos, descrevendo figuras espantosas e exageradas para atrair a atenção de olhos quase cegos, para gritar nos ouvidos dos quase surdos.

Os grandes pronunciamentos teológicos de Flannery eram equilibrados, entretanto, por comentários mais discretos, nos quais ela revelava a Betty Hester as suas dúvidas e deficiências. «Minhas virtudes são tão tímidas quanto meus vícios», confessou. «Acho que o pecado às vezes aproxima as pessoas de Deus, mas não o pecado habitual, e não estes tão mesquinhos que bloqueiam todos os menores bens[6]». Já em sua segunda carta a Betty Hester, Flannery confessava sua própria luta para crer:

> Quando pergunto a mim mesma como sei que creio, não encontro absolutamente nenhuma resposta satisfatória, nenhuma garantia, nenhum sentimento. Posso apenas dizer com Pedro: Senhor, eu creio, aju-

---

(5) Ibid., p. 92.
(6) Ibid.

da-me a crer. E tudo o que posso dizer sobre o meu amor por Deus é: Senhor, ajuda-me em minha falta de amor. Desconfio de frases piedosas, em particular quando emitidas por minha própria voz[7].

As cartas de Flannery a Betty Hester voltam muitas e muitas vezes à questão do que se deve *sentir* em relação às verdades da fé. Hester, ao que parece, estava procurando algum tipo de satisfação emocional antes que estivesse disposta a submeter-se aos chamados de Cristo. Flannery insistia em que não estava especialmente interessada em como Betty ou qualquer pessoa se sentia em relação à fé. «Nunca poderei concordar com você que a Encarnação, ou qualquer outra verdade, tenha de ser emocionalmente satisfatória para ser verdadeira. [...] há longos períodos na vida de todos nós, e na vida dos santos, em que a verdade revelada pela fé é horrível, emocionalmente incômoda, totalmente repulsiva»[8].

As palavras de Flannery raras vezes pareciam calculadas para converter Betty Hester. Em vez disso, ela se contentava em dizer a verdade tal como a percebia e em deixar o resto em outras mãos que não as suas.

Se há algo que parece claro na correspondência de Flannery O'Connor com Betty Hester – e em diversas outras –, é a habilidade que ela tem de integrar sua visão teológica com sua visão do ofício do escritor. A base moral da ficção e da poesia, escreveu a Betty, «é o nome exato das coisas de Deus». A fim de esclarecer a declaração,

---

(7) Ibid. Flannery O'Connor equivoca-se ao atribuir essa citação a Pedro. Foi o pai do garoto enfermo em Marcos 9, 24 quem disse: «Vem em socorro da minha falta de fé».

(8) Ibid., pp. 99-100.

em carta seguinte ela diz que isso consiste tão somente em «tentar ver corretamente, o que é o mínimo que você pode se dispor a fazer, o mínimo que poderá buscar. Pede-se a Deus que a faça ver direito e escrever direito»[9].

Ver direito, para Flannery, é primeiro ver este mundo e, daqui, aprender a ver o outro. «Para mim o universo visível é reflexo do universo invisível», escreveu[10]. O universo visível é uma das formas pelas quais ganham corpo as verdades eternas. A outra é a história – o nome exato das coisas de Deus. E o mais importante são os sacramentos.

Flannery poderia ser bastante sensível nesse ponto; não aceitava que ninguém reduzisse os sacramentos a meros símbolos. Descreveu um jantar onde esteve debatendo a Eucaristia com a escritora Mary McCarty e seu marido, Bowden Broadwater. McCarty disse que via a Eucaristia como símbolo – e um bom símbolo. Flannery, que viria a dizer que passara grande parte da noite em silêncio, exclamou enfim, com uma voz trêmula: «"Bem, se é um símbolo, para o inferno com ele". Essa foi toda a defesa de que fui capaz, mas noto agora que é tudo o que conseguirei dizer sobre o assunto fora de uma história, exceto que se trata do centro de minha existência, e todo o resto da vida me é dispensável»[11].

Essa é uma das anedotas mais conhecidas de toda a tradição flanneriana, e muito disso se explica porque é bem característica da autora: traz uma afirmativa escandalosa a serviço da mais antiga ortodoxia. A ortodoxia

---

(9) Ibid., pp. 126, 128.
(10) Ibid., p. 128.
(11) Ibid., p. 125.

não ortodoxa. Por mais surpreendentes que sejam os absurdos de sua ficção, nenhum é tão surpreendente quanto a percepção de que elas são organizadas a serviço da ortodoxia católica à qual a autora está submetida – ou, em todo caso, deseja submeter-se –, sem qualquer traço de distanciamento irônico.

Uma jovem escritora certa vez pediu a Flannery que desse uma olhada num artigo que estava escrevendo para a revista *Mademoiselle* sobre sua obra. Ao refletir sobre «Um homem bom é difícil de encontrar», a jovem escreveu que «[Flannery O'Connor] declara que provavelmente é impossível saber como ser um [homem bom]». Flannery opôs-se a essa afirmação. «De modo algum», respondeu. «É possível saber como ser um homem bom. Deus fez-se homem em parte para no-lo ensinar, mas é impossível consegui-lo sem a ajuda da graça». Eis uma resposta digna da mais convencional professora de catequese. E, à decepcionada articulista, Flannery continuou:

> Não importa o assunto, a verdade soa sempre muito mais indigesta do que gostaríamos de acreditar. Muitos dos meus maiores admiradores ficariam totalmente desconcertados e incomodados se percebessem que tudo em que acredito é totalmente moral, totalmente católico, e que são essas crenças que conferem ao meu trabalho suas principais características[12].

* * *

Em agosto de 1955, Flannery deixou de tomar as injeções de ACTH para controlar o lúpus e passou a utilizar

---

(12) Ibid., p. 148.

comprimidos de prednisona, «o mais novo milagre entre os remédios». Pela primeira vez em quatro anos ela não teria nem de aplicar injeções em si mesma, nem controlar severamente o consumo de sal.

Porém, as boas-novas no campo de batalha do lúpus foram parcialmente anuladas pelas más notícias do campo de batalha do reumatismo. Radiografias revelaram que a extremidade superior de seu osso da perna estava amolecendo, como resultado da falta de circulação sanguínea no quadril. «Soube disso *diretamente*», enfatizou em carta a Sally Fitzgerald, «ao ver as radiografias e falar com o médico *antes* da conferência materna»[13]. Ela já não recebia informações médicas depois de serem filtradas por sua mãe.

O dr. Merrill recomendou o uso de muleta por alguns anos, na esperança de que, com o alívio do peso do quadril, o osso poderia enrijecer novamente. Caso isso não acontecesse, o quadro poderia ser resolvido com uma cirurgia ou cadeira de rodas. «O que são dois ou três anos em sua vida?», perguntou retoricamente, sem ter a menor ideia de que a sua paciente teria menos de oito anos pela frente. O médico garantiu a Flannery, mais uma vez, que seu problema de quadril não estava diretamente relacionado ao lúpus. Uma investigação posterior, no entanto, revelaria que problemas nas articulações, como o de Flannery, poderiam ser efeito colateral das altas doses de corticosteroides que ela tomou por quatro anos[14].

Flannery continuou irreverente em relação a esse novo contratempo, fazendo dele objeto de anedotas em suas

---

(13) Ibid., p. 148.
(14) *A Life of Flannery O'Connor*, p. 270. A fonte: o e-mail de um médico.

cartas. No elevador da loja de departamentos Davison, em Atlanta, uma senhora solícita a encarou e disse: «Deus te abençoe, querida!». Flannery não reagiu muito bem: «Senti-me exatamente como o Desajustado e dirigi a ela um olhar letal, ao que, muito encorajada, ela respondeu agarrando o meu braço e sussurrando (um tanto alto) em meu ouvido: "Lembre-se do que disseram a João no portão, querida!"». Flannery escapou assim que a porta do elevador abriu novamente, «e acho que a senhora se surpreendeu com a velocidade que alcancei usando as muletas». Uma amiga que tinha apenas uma perna disse a Flannery que a fala sobre João no portão provavelmente se referia à frase: «Os aleijados entrarão primeiro», que logo se tornaria o título de um conto de Flennery. «Deve ser porque os aleijados poderão bater em todos à sua volta com as muletas», sugeriu a autora[15].

Depois da publicação de *Um homem bom é difícil de encontrar*, Flannery deixou os contos de lado por um tempo e voltou mais uma vez a seu romance. No outono de 1955, o primeiro capítulo seria publicado na *New World Writing* como um conto intitulado «Ninguém pode ser mais pobre que os mortos». Ela continuou a avançar lentamente.

Em dezembro, Flannery ficou aborrecida com a notícia de que Catharine Carver sairia da Harcourt. Tecnicamente, a saída da editora anulava o contrato de seu romance. Flannery, no entanto, gostava e confiava em Denver Lindley, editor que substituiria Catharine, e isso a levou a continuar com a Harcourt. Seu contrato foi reformulado, acrescentando o nome de Denver na cláusula

---

(15) *The Habit of Being*, pp. 116-117.

onde estivera o de Catharine. E, mesmo que Catharine Carver estivesse então na Viking, Flannery continuaria enviando seus manuscritos a ela a fim de ter os comentários da editora, assim como continuava fazendo com Caroline Gordon.

* * *

«Eu nunca estou preparada para nada», escreveu Flannery a Betty Hester em 1956. Ela acabara de saber que Betty havia se convertido ao catolicismo.

> Vinha achando [...] que você era uma Panteísta em pleno direito [...] e agora você reconhece que será tão ortodoxa como eu, senão mais. Mais, acredito, pois o batismo foi algo que você escolheu, e a mim me foi imposto. A meu favor posso dizer que nunca a considerei não batizada. Há três tipos de batismo, de água, de sangue e o desejo, e quanto ao último eu a via tão batizada quanto eu [...]. Todos os batismos voluntários são um milagre para mim e me deixam tão atônita quanto se eu tivesse visto Lázaro caminhando para fora de seu túmulo[16].

Quando Betty Hester foi confirmada na Igreja alguns meses depois, Flannery foi sua orgulhosa madrinha. Ao que parece, quando a amiga pediu à autora que fosse sua madrinha de batismo, sentiu a necessidade de compartilhar certos detalhes de sua «terrível história». Talvez a conversão recente tenha despertado seu lado confessional, ou talvez ela se sentisse impura e quisesse dar a

---

(16) Ibid., p. 131.

Flannery uma chance de se distanciar. Não está claro o quanto Betty Hester contou sobre seu passado, mas era de fato uma história terrível. O pai abandonara a família quando ela era jovem; aos treze anos, Betty assistira ao suicídio da própria mãe. Havia mais, mas é quase certo que não contara tudo de uma vez. É possível que não tenha dito nada naquele momento, mas apenas insinuado. De todo modo, Flannery a tranquilizou. «Quanto à sua terrível história, não há nada a fazer. Tenho interesse na história porque é você, e não por esta ou qualquer outra peculiaridade»[17].

* * *

A primavera de 1956 chegou com uma viagem a Lansing, Michigan, onde Flannery palestrou na Associação Americana de Universitárias sobre «O significado do conto». Na ocasião, ela disse a Robert Macauley, «Não tenho a mais vaga ideia do significado do conto, mas aceitei imediatamente por gostar de viajar de avião, etc., e descobri que tenho dez meses para descobrir [...]. Talvez eu escreva ao dr. Crane para perguntar qual é o significado do conto. Ele entende de qualquer assunto»[18]. Flannery sobreviveu à conferência e ao almoço na Associação Nacional de Mulheres Católicas que fazia parte do evento. («Se houvesse algo pensado justamente para a remissão da pena temporal devida aos pecados, só poderia ser isso», gracejou para uma amiga[19].) Flannery também partici-

---

(17) Ibid., p. 154.
(18) Ibid., p. 101.
(19) Ibid., p. 155.

pou, naquela primavera e verão, de outro ciclo nos clubes de senhoras da Geórgia.

Foi naquela primavera que Flannery O'Connor soube que não usaria as muletas por apenas um, dois ou três anos. «Serão muletas para mim daqui para frente», escreveu a Betty. Uma radiografia revelou que o osso de sua perna estava muito debilitado tanto para curar-se como para ser curado cirurgicamente. «Muito, muito debilitado», disse, com desdém. «Daqui em diante serei essa estrutura com pilares flutuantes»[20].

O verão chegou com a publicação de «*Greenleaf*», em que figurava mais uma viúva a administrar uma fazenda. A sra. May, que conhece seu fim ao ser escornada por um touro, assemelha-se tanto a Regina O'Connor que Maryat Lee, amiga de Flannery, disse que ela escapara por pouco de um assassinato[21]. O conto ganhou o prêmio O. Henry daquele ano, o segundo prêmio de Flannery.

No mesmo verão, Betty Hester também foi a Andalusia em pessoa. Não se tratou de um encontro totalmente confortável. Betty era um tanto fechada e parecia inquieta na presença daquela com quem ficava tão à vontade nas cartas. Depois da visita, Flannery escreveu: «Tive a impressão de que, durante todo o tempo em que ficou aqui, você estava pronta para fugir – uma cotovia de motor a jato – e que, se eu virasse as costas, você teria ido embora»[22]. Ao menos para Flannery, aquele primeiro

---

(20) Ibid., p. 151.
(21) Citado em *A Life of Flannery O'Connor*, de uma carta de Maryat Lee a Robert Giroux.
(22) *The Habit of Being*, p. 163.

encontro parecia ter sido ofuscado pela distância entre como ela imaginara Betty Hester a partir de suas cartas e como a encontrou em pessoa. Ao que parece, a descrição que Betty fizera da própria aparência fora mais que humilde. Flannery escreve: «Você não se parece em nada com o que eu esperava, pois sempre levo o que me dizem ao pé da letra e me preparei para cabelos brancos, óculos de tartaruga, nariz aquilino e corpo em forma de garrafa de cerveja. Busque a verdade e a persiga; você não é nem um pouco feia». As duas voltaram rapidamente à sua confortável amizade epistolar.

O verão de 1956 também foi o verão do telefone na fazenda Andalusia. «Uma grande invenção», classificou Flannery. «Grande salvadora de mães»[23]. Maior ainda foi a novidade da geladeira – «do tipo que cospe pedras de gelo em você, cujas bandejas dão tiro e lhe acertam no estômago, e pisando o botão certo a coisa toda desliza da parede e pode lhe derrubar»[24]. A nova geladeira fora adquirida com os lucros da venda de «A vida que você salva pode ser a sua» para a televisão.

* * *

Em 1953, as autoridades da Geórgia começaram a encher o Lago Sinclair, um reservatório de 15 mil acres fora de Milledgeville. Fazendas e pastos, florestas e casas foram comprados, vendidos e submersos. As terras agrícolas valorizaram-se à beira d'água, e partes do novo

---
(23) Ibid., p. 169.
(24) Ibid., p. 175.

lago ficavam a cinco quilômetros de Andalusia. Aparentemente, Flannery esteve pensando no lago Sinclair no outono de 1956, enquanto escrevia «Uma vista da mata» – história com um tipo de drama familiar que culminaria numa tragédia grega. Um avô, cego pela ganância, mata sua neta, única pessoa a quem ama, enquanto uma grande escavadeira amarela revolve as terras da família para abrir espaço às águas destruidoras do novo lago. Como fazia com frequência, Flannery transformou seus arredores num cenário quase tão mítico quanto a Tebas de Édipo ou a Cólquida de Medeia. O interior da Geórgia era a Ítaca de Flannery, a sua Troia. Depois de ser recusado pela *Harper's*, o conto «Uma vista da mata» foi aceito pela *Partisan Review* e publicado um ano depois, na edição de outono de 1957.

Em outubro de 1956, Betty Hester, que havia contado (ou ao menos tentado contar) a Flannery parte de sua vida na primavera anterior, escreveu-lhe uma carta apresentando os detalhes de seu segredo mais obscuro. Quando jovem, fora desonrosamente dispensada das forças armadas por mau comportamento sexual, provavelmente com outra mulher. Sua amiga famosa, imaginava ela, poderia ver-se prejudicada se associada a alguém que tivera um escândalo homossexual no passado.

A carta com a resposta de Flannery contém uma comovente expressão de graça e lealdade:

> É impossível para mim ser rápida o suficiente para lhe dizer que isso não faz a menor diferença na opinião que tenho sobre você, que é a mesma que sempre foi, solidamente alicerçada no mais completo respeito. [...] Em comparação com o que você expe-

rimentou em termos de miséria, nunca tive de suportar nada em minha vida além de pequenos incômodos. Mas há momentos em que o pior sofrimento é não sofrer e a pior aflição, não se afligir. Os que consolavam Jó estavam em situação pior que a dele, embora não o soubessem. Se, de alguma maneira, contar-me seu fardo o torna mais leve, fico duplamente satisfeita em sabê-lo. Você está certa em me contar. E me alegro por não ter me contado antes que eu a conhecesse bem. Seu erro está em dizer que você *é* uma história de terror. O significado da Redenção é exatamente este: não precisamos *ser* nossa história, e nada está mais claro para mim que o fato de você não ser sua história[25].

Enquanto isso, as notícias – deliciosamente cafonas – sobre a adaptação televisiva de «A vida que você salva...» começaram a chegar a Milledgeville, contadas por amigos que liam colunas de fofoca em jornais nova-iorquinos. No início, Flannery achou que a peça seria apresentada pela General Electric Playhouse, mas então se descobriu que quem iria apresentá-la era a não-tão-respeitável Schlitz Playhouse. Por algum tempo, Flannery pensou que o sr. Shiftlet seria interpretado por Ronald Reagan, mas logo tomou conhecimento de que o protagonista

---

(25) O trecho vem da transcrição de uma matéria sobre o lançamento das cartas de Betty Hester na Emory University. A matéria foi ao ar em 12 de maio de 2007. Disponível em: <http://www.npr.org/templates/ story/story.php?storyId=10154699>. Para um registro mais detalhado da amizade entre Flannery O'Connor e Betty Hester depois desta revelação, ver o artigo de Ralph C. Wood, «Sacramental Suffering: The Friendship of Flannery O'Connor and Elizabeth Hester» *Modern Theology*, 24, 3, 2008, pp. 387-441.

seria «um bailarino de sapateado chamado Gene Kelly», que descreveu a história como «um negócio caipira em que interpreto um homem que *fica muito amigo* [grifo de Flannery] de uma garota surda-muda nos montes de Kentucky. Será uma grande chance de atuar de maneira convencional, algo que não tive a oportunidade de fazer nos filmes»[26]. Independentemente dos detalhes, Flannery tinha certeza de que o povo da televisão destruiria a história. «O sr. Shiftlet e a filha idiota sem dúvida partirão num Crysler e viverão felizes para sempre. De qualquer forma, [...] enquanto eles bagunçam meu conto, [Regina] e eu fazemos gelo na geladeira nova[27]».

O programa foi ao ar no dia 1º de março de 1957. Os O'Connor não tinham televisão, e por isso foram todos à casa da tia Mary Cline para assisti-lo com a bibliotecária da universidade e «distintas senhoras locais». Flannery registrou que não fora «conquistada pelo talento artístico [de Gene Kelly]. [...] O máximo que posso afirmar é que talvez pudesse ter sido pior. Apenas talvez»[28]. Com efeito, a peça em si não fora tão difícil de engolir quanto a reação dos habitantes da cidade. «Eles acham que eu enfim cheguei lá», queixou-se. «Estão dispostos a esquecer que a história original não era tão boa quanto a peça da televisão. As crianças apontam para mim nas ruas. É um tanto decepcionante»[29].

Ao ouvir rumores (certamente exagerados) de que alguém havia contatado Rodgers e Hammerstein a respeito

---

(26) *The Habit of Being*, p. 191.
(27) Ibid., p. 174.
(28) Ibid., p. 205.
(29) Ibid., p. 206.

de uma adaptação musical de «A vida que você salva pode ser a sua», Flannery contribuiu com algumas letras:

> *The life you save may be your own*
> *Hand me that there tellyphone*
> *Hideho and hip hooray*
> *I am in this thang for pay*[30]

---

(30) Ibid., p. 208. Em tradução livre: «A vida que salva pode ser a sua/ Me dá esse telefone/ Hey, hey, hip, hurra!/ Estou nessa pela grana».

10

«A sociedade da qual me alimento»

1957-1958

Em dezembro de 1956, uma amizade improvável entrou na vida de Flannery O'Connor. Maryat Lee era irmã do dr. Robert Lee, diretor recém-nomeado da Georgia State College for Women. Dramaturga exuberante, obstinada e heterodoxa, ela fora de Nova York a Milledgeville a fim de passar as férias com seu irmão e a família.

Maryat Lee não conhecia a obra de Flannery. Quando, no último dia da visita de Maryat, Flannery a convidou para ir a Andalusia, ela o fez com relutância, receando passar o último dia de suas férias presa com uma «distinta escritora» do sul. Foi mesmo assim, porém, e ambas se deram bem imediatamente. Em muitos aspectos, as duas eram de todo opostas: Maryat levava uma vida boêmia em Nova York; Flannery morava na fazenda com a mãe. As visões políticas de Maryat eram progressistas e ativistas; Flannery era conservadora e *laissez-faire*. Maryat, embora nascida no Kentucky, era uma nortista naturalizada e urbana; Flannery vinha de uma pequena cidade sulista.

Não obstante, Maryat Lee e Flannery O'Connor gostaram muito uma da outra e se tornaram correspondentes frequentes. As cartas que trocavam eram decerto as mais divertidas e bizarras entre todas as missivas de Flannery. Exagerando suas diferenças, ambas representavam uma estranha dupla em ação: Flannery, a realista caipira; Maryat, a idealista decadente. O sul e as relações raciais eram assuntos comuns em sua correspondência; a defesa de Flannery do segregacionismo reacionário contra as políticas progressistas e integracionistas de Maryat normalmente eram debatistas entre risos, mas às vezes a situação se complicava. As opiniões de Flannery sobre raça eram complexas e muitas vezes contraditórias. Suas cartas a Maryat Lee são uma rica fonte para compreender o que ela defendia.

A primeira visita de Maryat Lee a Milledgeville terminara com um pequeno escândalo – ou, melhor, com um potencial escândalo – que deu o tom à subsequente correspondência entre as duas. Quando chegou a hora de voltar ao aeroporto de Atlanta, ela pegou uma carona com o jardineiro de seu irmão, um negro chamado Emmet. Regina O'Connor ficou mortificada. «Não diga a ninguém que ela está indo no carro de Emmet», alertou a mãe de Flannery. «Não diga nem mesmo à irmã [a tia Mary Cline]. Se descobrirem isso, será a ruína para o dr. Lee».

O dr. Lee, entretanto, tomou todas as medidas para evitar que aquilo se espalhasse. Ao ver Mary, mentiu e disse que Maryat pegara uma carona para Atlanta com alguns amigos. «Acho que o dr. Lee vai perdurar um bom tempo por aqui», escreveu Flannery. «O quanto ele quiser perdurar[1]».

«Isso é tão engraçado que nos esquecemos de que é também terrível», escreveu – e de maneira bastante acertada. Flannery se lembrou de uma conferência de professores dez anos antes, na qual haviam comparecido dois educadores negros. O diretor da universidade se dera ao trabalho de discriminar «segregados e iguais» em tudo, incluindo máquinas de Coca-cola, a fim de evitar qualquer mistura entre as raças. Ainda assim, uma cruz foi queimada em seu jardim. «As pessoas que queimaram a cruz talvez não passassem da quarta série, mas, para a época, estavam muito interessadas em educação[2]».

Certo gosto pelo ridículo, que ela compartilhava com Maryat Lee, delineava a maneira como Flannery se manifestava à amiga sobre raça. Contou-lhe a respeito da recente «queima» de uma cruz em que a Ku Klux Klan, em vez de atear fogo a uma cruz de madeira, ligou na tomada uma cruz portátil iluminada por lâmpadas vermelhas: «Quando vi aquilo, disse a mim mesma: isso é absolutamente desanimador, é mais moderno do que penso»[3].

Porém, se O'Connor achava os *rednecks* locais ridículos, achava o mesmo dos agitadores de fora que iam ao sul a fim de lutar por direitos civis. Dorothy Day, a ativista social católica, fora a Koinonia, cooperativa interracial agrícola ao sul da Geórgia. Certa noite, enquanto fazia a ronda, tentaram atirar em Dorothy; as balas não a atingiram por pouco. Flannery costumava admirar

---

(1) *Collected Works*, p. 1019.
(2) *The Habit of Being*, p. 195.
(3) Ibid., p. 201.

Dorothy Day, mas não conseguiu manifestar muita simpatia desta vez. A Maryat Lee, escreveu: «Todos os meus pensamentos sobre o assunto são feios e insensíveis – por exemplo: há um caminho muito longo para você percorrer até levar um tiro, etc. Admiro-a muito. Ainda penso na história do caipira do Tennessee que pega sua arma e diz: "Estou indo para o Texas lutar por meus direitos". Espero que ter duas opiniões sobre certos temas não signifique ser neutro»[4].

Quando Maryat Lee perguntou a Flannery como ela se sentiria com a visita do autor negro James Baldwin, Flannery foi inflexível:

> Não, não posso encontrar James Baldwin na Geórgia. Isso causaria grandes problemas, incômodos e desunião. Em Nova York seria ótimo encontrá-lo; aqui, não. Observo as tradições da sociedade da qual me alimento – é justo, apenas. É mais fácil um burro voar do que eu me encontrar com James Baldwin na Geórgia. Li uma de suas histórias, era muito boa[5].

O problema de Flannery talvez não seja o fato de ter duas opiniões sobre as questões raciais, mas resvalar fácil e confortavelmente em opiniões intolerantes. Ela usava a palavra *nigger* tranquilamente e gostava de contar histórias que retratavam os negros à sua volta como crianças desafortunadas. Em suas cartas não publicadas a Maryat Lee, ela também compartilhava livremente piadas racistas que ouvira em Milledgeville.

---

(4) Ibid., p. 218.
(5) Ibid., p. 329.

«A SOCIEDADE DA QUAL ME ALIMENTO»

Para sermos justos com a autora, a maneira como ela se comportava nessas cartas era uma caricatura. Flannery dramatizava, representando um papel com tanta convicção que parecia uma atriz sobre o palco. Além disso, como aponta Ralph C. Wood, o uso de correspondências pessoais para fazer juízos ou tirar conclusões sobre o que alguém «realmente» pensa é algo um tanto delicado. O que parece sinceridade pode ser na verdade «opiniões superficiais lançadas às pressas num único instante, e portanto de nada valem aos olhares inquisidores»[6]. Wood também aponta que nenhum dos contemporâneos de Flannery – nem mesmo Maryat Lee – chegou a acusá-la de racismo. Além disso, nos contos da autora, os personagens negros na maioria das vezes figuram como pessoas melhores do que seus pares brancos.

O desconforto que o leitor do século XXI sente com os insultos, ou mesmo as piadas raciais, de Flannery não é o fato mais relevante ao se analisar as posições racistas da autora. Mais relevante, talvez, seja a expressão da indignação de Flannery em relação aos progressistas do norte que iam para o sul se envolver nas políticas raciais, ao mesmo tempo que ela não manifestava a mesma indignação a respeito das violentas injustiças impostas aos negros do sul. O compromisso de Flannery com uma mudança gradual e orgânica parece representar o caminho de menor atrito naquele tempo e local. Quando se trata de comportamentos raciais, Flannery fazia parte do quadrante progressista dos sulistas da década de 1950 e do início da década de 1960; no entanto, ainda estava dentro do padrão.

---

(6) *Flannery O'Connor and the Christ-Haunted South*, p. 94.

Em *Flannery O'Connor and the Christ-Haunted South*, Ralph Wood esclarece como ninguém os comportamentos raciais de Flannery e o que significavam. Wood não a defende das acusações de racismo. Antes, defende convictamente que sua disposição em reconhecer o próprio racismo – quer dizer, seu «tom autodepreciativo» sobre o assunto – «constituía um antídoto próprio contra qualquer desprezo gratuito pelos ignorantes, contra qualquer satisfação pessoal consigo mesma». Seguindo a lógica de Ralph Wood, a superficial integridade do progressismo racial convida a uma presunção que é ainda mais perigosa para a alma do que o racismo. O autor cita Neibuhr: «A doutrina cristã da pecaminosidade de todos os homens representa, pois, um convite constante ao reexame dos juízos morais superficiais, em especial aqueles em que o sentimento de superioridade confere vantagem moral a quem faz o julgamento»[7].

Dizer que Flannery O'Connor era produto de sua época não é isentá-la de responsabilidade em questões raciais. Ela poderia ter sido muito mais progressista do que foi sem correr qualquer risco de perder-se num moralismo hipócrita. No entanto, tinha uma consciência de si fora do comum e compreendia que o problema de nossa alma – todo o problema de nossa alma – é muito mais profundo do que o racismo.

* * *

Para um escritor sulista, qualquer discussão sobre raça caminha de mãos dadas com a discussão sobre a

---

(7) Ibid., p. 97.

«A SOCIEDADE DA QUAL ME ALIMENTO»

região. O compromisso de Flannery O'Connor com o sul na condição de «sociedade da qual me alimento» fortaleceu-se com o transcorrer de sua vida ali. Quando recebeu uma carta de Maryat Lee em que ela sugeria estar de mudança para lá, Flannery exclamou:

> Pois que seja o sul! Você não receberá condolências da minha parte. Este é um Retorno que eu mesma encarei, e quando o fiz estava de mãos atadas e amarrada e resignada tal como seria necessário resignar-se com a morte, e em grande medida porque pensei que seria o fim de qualquer criação, de qualquer escrita, de qualquer trabalho para mim. E... foi apenas o princípio[8].

Flannery mostrava-se irritada contra não sulistas como Wallace Stegner, que viviam aconselhando os escritores do sul a deixar a região e esquecer o mito. «Que mito?», perguntou. «Se você é escritor e o que conhece é o sul, então é sobre o sul que você irá escrever e como irá julgar». Para Flannery, nada disso tinha muito a ver com a romantização ou a mitologização do sul, e sim com a percepção factual de que a terra natal do escritor, em sentido bem prático, oferece a matéria-prima de sua escrita.

> Isso não quer dizer que aquilo que o sul oferece seja suficiente, ou mesmo significativo, de outra forma que não a prática – fornecendo o estilo, o idioma, e assim por diante. No entanto, essas coisas têm de ser oferecidas [...]. As vantagens e desvantagens de ser um

---

(8) *The Habit of Being*, p. 224.

escritor do sul podem ser questionadas infinitamente, mas o fato é que, se você é, você é[9].

De todo modo, observou Flannery, ela produzira seus melhores escritos desde que retornara à Geórgia. E, em certo sentido, colocou o sul como a nascente de uma nova cultura literária. No sul «assombrado por Cristo», argumentou, as doutrinas do pecado, da graça e da redenção ainda imperavam. Alhures, onde predominava a abordagem mundana, o escritor era forçado a tirar leite de pedra. «A perspectiva progressista afirma que o homem nunca falhou, nunca teve culpa e torna-se perfeito por meio de seus próprios esforços. Dessa forma, o mal se resume a uma questão de moradia, saneamento, saúde, etc., e todos os mistérios acabarão por ser esclarecidos»[10].

Tudo isso nos ajuda a explicar por que a literatura sulista, segundo a autora, é tão pouco compreendida fora da região. «Descobri que qualquer coisa que venha do sul será chamada de grotesca pelo leitor do norte, a menos que seja grotesca, caso em que será chamada de realista»[11]. E, se os escritores sulistas tendem a escrever sobre aberrações, afirma Flannery, «é porque ainda somos capazes de reconhecer uma»[12].

* * *

Em 1957, Flannery deixou novamente os contos de lado para dedicar-se ao romance que, sob contrato, deve-

---

(9) Ibid., p. 230.
(10) Ibid., pp. 202-03.
(11) *Mystery and Manners*, p. 40.
(12) Ibid., p. 44.

ria estar escrevendo desde 1955. Era um trabalho árduo. Naquele verão ela finalmente começou a gravitar em torno da frase que se tornaria o título do livro: *Os violentos o arrebatam*. A frase está em Mateus 11, 12: «Dos dias de João Batista até agora, o Reino dos Céus adquire-se à força, e os violentos o arrebatam». Trata-se de uma imagem adequada a todo o corpo de obras de Flannery: «mais do que nunca parece que o reino dos céus tem de ser conquistado pela violência, ou não o será. Deve-se forçar tanto quanto a era que força na direção contrária»[13]. Esse esforço, essa disposição à agressão, essa violência extrema são a essência do instinto profético de Flannery.

No fim de julho, com o resultado de uma radiografia, Flannery recebeu boas notícias. O osso de seu quadril parecia estar se curando; o dr. Merrill disse-lhe que poderia se livrar das muletas em dois ou três anos. «Então está bem», respondeu ela, «quero sapatear por aí quando for uma senhora distinta»[14].

A prima Katie, porém, tinha outro plano para Flannery e seus pés: dezessete dias de peregrinação pela Europa, mais precisamente por Roma e Lourdes, França. No extremo-sul da França, quase na Espanha, Lourdes era o lugar em que, no ano de 1858, uma jovem camponesa chamada Bernardette Soubirous disse ter visto uma aparição da Virgem Maria em dezoito ocasiões diferentes. As águas da gruta de Lourdes tinham propriedades curativas; desde meados do século XIX até hoje, doentes, inválidos e outros peregrinos acorrem aos milhares à capela construída naquele local, a fim de beber e banhar-se naquelas

---

(13) *The Habit of Being*, p. 229.
(14) Ibid., p. 232.

águas. Foi ideia da prima Katie levar Flannery às águas de Lourdes e rezar por uma cura milagrosa.

Em Lourdes, a área do santuário em si é magnífica, mas fora dos portões há uma fileira de lojas de lembrancinhas religiosas tão cafonas e populares quanto qualquer loja de quinquilharias turísticas dos Estados Unidos. A combinação de peregrinos mutilados com essa vulgaridade religiosa era a especialidade de Flannery, que escreveu a Betty Hester: «Sou totalmente a favor, embora espere que se assemelhe a um pesadelo cômico»[15]. A viagem foi programada para abril e maio de 1958.

Enquanto isso, Flannery O'Connor passou dezembro escrevendo «O calafrio constante», história em que um jovem escritor chamado Ausbury volta de Nova York para sua casa numa pequena cidade do sul, preparado para morrer do que acredita ser uma doença letal. Diferentemente de sua criadora, entretanto, Asbury descobre que sua doença não é fatal coisa nenhuma. Sua tragédia revela-se então não ser a morte iminente, mas a vida que continuará em sua insuportável realidade sob o mesmo teto que a mãe e a irmã, que ele não consegue tolerar.

Naquele inverno Flannery também participou de um clube do livro, organizado por um pastor episcopal, cujo tema era a teologia na literatura moderna. O público era, em sua maioria, formado por presbiterianos e episcopais («e eu como representante da Santa Igreja Católica Apostólica Romana»[16]). Flannery, contudo, se pegou em meio a um dilema. A lista de livros incluía o escritor francês André Gide, e Gide estava no *Index librorum prohibito-*

---

(15) Ibid., p. 250.
(16) Ibid., p. 259.

rum – a lista de livros proibidos pelas autoridades católicas. Um bom católico não deveria ler uma obra que estivesse no *Index* sem, antes, obter permissão expressa dos oficiais da Igreja.

Teria sido fácil, é claro, ignorar a proibição. Não havia outros católicos no grupo, e os protestantes que escolheram Gide provavelmente não sabiam que ele fazia parte do *Index* – ou, se sabiam, não se importavam.

Não obstante, aos 32 anos, Flannery escreveu ao padre J. H. McCown, seu amigo jesuíta, para ver se ele poderia lhe dar a permissão necessária para ler o livro. Foi um momento de notável humildade. O padre McCown era um homem inteligente e culto, mas ainda assim, para Flannery, pedir sua permissão nessa seara era submeter seu excelente juízo literário a um tipo de juízo totalmente distinto.

Ao buscar a permissão do padre McCown para ler um livro do *Index*, Flannery submetia seu formidável intelecto a uma autoridade capaz de restringir seu desejo pecaminoso por autonomia, como bem explicou à recém-convertida Betty Hester:

> Desconheço se seus interesses tornar-se-ão menos intelectuais à medida que você for se envolvendo mais profundamente com a Igreja, mas o que acontecerá é que o intelecto tomará o lugar que lhe é devido dentro de um contexto mais amplo e deixará de ser tirânico, caso um dia o tenha sido – quando não há nada além do intelecto, ele normalmente é tirânico[17].

Nesse sentido, a viagem a Lourdes foi outro golpe contra a tirania do intelecto de Flannery. Ela desprezava

---

(17) Ibid., p. 134.

o catolicismo milagreiro e não tinha intenção nenhuma de banhar-se em Lourdes. «Sou uma dessas pessoas que mais facilmente poderia morrer pela religião do que tomar um banho por ela», escreveu a Hester. «Se corresse algum risco de ter de tomar o banho, não iria. Não acho que me importaria em lavar o sangue de outrem, [...] mas a falta de privacidade seria algo que não poderia suportar. Isso não está certo e não é nada sagrado de minha parte, mas são como as coisas são»[18].

Flannery foi a Lourdes sobretudo porque se viu coagida. De início, o dr. Merrill recusou-se a lhe dar permissão para viajar ao exterior. No entanto, a prima Katie insistiu, desenvolvendo um planejamento segundo o qual Flannery e Regina pulariam a maior parte da viagem entre a Irlanda e a França, unindo-se ao grupo em Lourdes e continuando até Roma. Como Flannery dissera a Betty Hester, «é o objetivo último e o projeto de vida da prima Katie que eu vá a Lourdes. Se eu morrer assim que chegar, que pena, mas ainda assim deveria estar ali»[19]. Flannery imaginou uma história em que ela e sua mãe, sozinhas na Europa, encontrar-se-iam acidentalmente atrás da Cortina de Ferro e perguntariam o caminho para Lourdes em linguagem de sinais. «A prima Katie tem uma determinação de ferro», resmungou a autora. «A minha, ao que parece, é feita de penas de espanador»[20]. A determinação do dr. Merrill, a exemplo da de Flannery, rendeu-se à da prima Katie, e ele concordou com a viagem à Europa.

---

(18) Ibid., p. 258.
(19) Ibid., p. 272.
(20) Ibid., p. 268.

Flannery e Regina decolaram para Milão em 24 de abril e passaram quatro dias com os Fitzgerald na cidade litorânea de Levanto. De lá, encontraram a prima Katie e os demais peregrinos em Paris, levando Sally Fitzgerald consigo.

«Lourdes não foi tão ruim quanto achei que seria», contou Flannery a Elizabeth Bishop. «Alguém em Paris me disse que o milagre de Lourdes é o de que ali não há epidemias, e descobri que isso é verdade. Aparentemente, ninguém pega doença alguma. A água dos banhos é trocada todos os dias, não importa quantas pessoas entrem ali»[21].

No fim das contas, Flannery entrou nas águas, depois da insistência tanto de sua tia quanto, talvez mais enfaticamente, de Sally Fitzgerald, que lhe dissera que não tomar banho «seria um erro»: o de «não colaborar com a graça»[22]. Mesmo depois do ocorrido, Flannery nunca descreveu sua decisão como um ato de fé, mas como o resultado de «um conjunto de péssimas razões, como evitar o peso na consciência por não tê-lo feito e porque, naquela hora, pareceu que era tudo o que desejavam que eu fizesse»[23]. Ela também confessou com franqueza que pedira mais por seu cambaleante romance do que por seu corpo doente.

Os *malades* que esperavam a vez de tomar banho passavam entre si uma garrafa térmica com a água de Lourdes a fim de compartilhar suas propriedades curativas. Flannery estava resfriada na época, «então acho que deixei mais germes do que peguei», disse a uma amiga. O «saco» que ela havia vestido para o banho havia sido usado pelo

---

(21) Ibid., p. 286.
(22) Ibid., p. 282.
(23) Ibid., p. 280.

enfermo anterior, «independentemente de qual fosse seu mal». Os outros enfermos nos banhos, segundo o registro de Flannery, eram todos camponeses, e ela «tinha plena consciência do cheiro distinto daquela multidão. O sobrenatural é uma realidade ali, mas não desloca o o natural; exceto, talvez, aqueles germes»[24].

Quanto à cidade de Lourdes em si, Flannery a descreveu como «um lindo vilarejo esburacado, com lojas de quinquilharias religiosas. [...] Mauriac escreveu em algum lugar que as lojas de bugigangas religiosas eram a resposta do demônio à Virgem Maria. De todo modo, fica evidente que o demônio tem muito a dizer»[25].

Roma era a última parada da peregrinação. O arcebispo havia organizado tudo para que o grupo de Flannery ficasse na primeira fila da audiência em São Pedro. Depois da cerimônia, o Papa Pio XII desceu para cumprimentar os peregrinos e, a pedido do arcebispo, deu uma bênção especial a Flannery por conta de sua doença. «Há um resplendor e uma vivacidade magníficos naquele senhor», disse Flannery sobre o papa. «Ele sobe e desce lindamente os degraus até sua cadeira. Qualquer que seja a vitalidade especial da santidade, ela é muito aparente nele»[26].

Ao voltar a Geórgia, Flannery enviou um relatório a seu amigo Bill Sessions; seu faro para o macabro e o ridículo estava mais afiado do que nunca:

> Todo o interior da Geórgia está impaciente com o caso de uma tal sra. Lyles, de Macon, pois acabaram

---

(24) Ibid., p. 286.
(25) Ibid., p. 285.
(26) Ibid., p. 280.

de descobrir que ela perdera os dois maridos (sucessivamente), a sogra e a filha ao colocar veneno para formigas em seus pratos de comida. Parece que ela havia sido praticante de vodu nos últimos anos, mas todos em Macon achavam-na «adorável». Bem, de volta à vida real[27].

Regressar à Geórgia era regressar ao romance – o que não agradava em nada a Flannery. A autora escreveu a Betty Hester: «Daqui em diante o meu romance terá de sair à força. Não há nenhum prazer nisso para mim. Como gostaria de estar escrevendo algo de que pudesse desfrutar»[28]. Apenas uma semana depois, entretanto, ela pareceu se sentir melhor em relação ao livro em andamento. Escreveu a Cecil Dawkins que as férias que tirara de *Os violentos o arrebatam* haviam ajudado. «Estou trabalhando nele com uma espécie de vigor»[29].

Seu vigor recém-descoberto talvez fosse fruto de uma reunião com seu velho editor favorito: Robert Giroux. Denver Lindley deixou a Harcourt na primavera de 1958. Tendo passado de Giroux para Catharine Carver e, depois, a Lindley, Flannery não tinha mais a quem recorrer na Harcourt. A autora fez valer a cláusula de liberação de seu contrato e assinou com Giroux, que estava então na Farrar, Straus and Cudahy. A editora se tornaria depois Farrar, Straus and Giroux.

Além de trabalhar no romance, Flannery passou parte do verão treinando para sua prova de direção. Ela ha-

---

(27) *Collected Works*, p. 1071.
(28) *The Habit of Being*, p. 282.
(29) Ibid., p. 284.

via sido reprovada na primeira tentativa («Isso foi apenas para provar que não me adequo ao mundo moderno»[30]). Na segunda, passou com nota 77 e, aos 33 anos, recebeu sua primeira carteira de habilitação. Com uma motorista nova na família, logo os O'Connor compraram um novo automóvel. Não surpreende que tenha sido um veículo «preto, parecido com um carro funerário, distinto – um *memento mori* sobre rodas»[31].

No fim de 1958, Flannery finalmente começou a progredir em *Os violentos o arrebatam*. Em 8 de novembro, escreveu a Betty Hester que estava «quase chegando ao fim» do livro. Na mesma época, descobriu também outro tipo de progresso. Dr. Merrill anunciou que o osso do quadril estava recalcificando e permitiu-lhe andar pela casa sem muletas por curtos períodos. «Disseram-me no ano passado que eu não melhoraria», escreveu ao padre McCown. «Estou disposta a atribuir isso a Lourdes ou às preces de alguém, mas espero continuar melhorando».

Apesar de tudo isso, ela desejava mais que o padre rezasse por seu romance do que por seus ossos. «Sou o ponto mais crítico de meu romance», escreveu. «Preferiria terminar esse romance bem do que poder andar. Ele exige muito mais do que eu tenho»[32].

Katie Semmes faleceu no fim de novembro. Somente alguns dias antes ela ouvira a notícia de que a prima que arrastara até Lourdes havia obtido algum tipo de cura, algo que Katie havia desejado com tanta fé.

---

(30) Ibid., pp. 268-69.
(31) Ibid., p. 294.
(32) Ibid., p. 310.

11
Os violentos o arrebatam
1959-1960

Tendo já se iniciado o ano de 1959, Flannery O'Connor enfim tinha um rascunho completo de *Os violentos o arrebatam*. Seis anos se haviam passado desde que começara a escrevê-lo – seis anos de falsos inícios, de refacções e pausas –, e ela ainda tinha muito trabalho a fazer. Todavia, seu ligeiro progresso nos últimos meses de 1958 pareceu-lhe mais miraculoso do que a recalcificação de seu quadril.

Flannery comprou uma máquina de escrever e começou a datilografar uma cópia do romance sem rasuras para enviar a Caroline Gordon; como sempre, confiava na leitura da amiga antes de enviar o texto ao editor Robert Giroux. Desta vez, também enviaria uma cópia aos Fitzgerald, a Betty Hester e a Catharine Carver, que, embora já não fosse mais sua editora, ainda era uma conselheira literária de confiança. Flannery trabalhara no livro por tanto tempo que não tinha nenhuma pressa em enviá-lo para o editor. «Estou 100% exausta, não aguento nem olhar para ele», disse a Carver, «mas, justamente por ter aguentado todo esse tempo, consigo ficar com ele mais um pouco»[1].

Ela tinha outras coisas a fazer, entretanto, além de se ocupar de *Os violentos o arrebatam*. Em fevereiro, passou quase uma semana na Universidade de Chicago como escritora convidada, numa apressada substituição de Eudora Welty. Não foi uma semana festiva. Nos preparativos para a viagem, Flannery registrou suas apreensões quanto aos «intelectualoides da cidade» e os perigos de viajar no inverno de Chicago. Ela temia pouco os intelectualoides, diante dos quais sabia conservar sua posição, mas a viagem e a temperatura eram preocupações legítimas para uma mulher de muletas de alumínio viajando sozinha.

Flannery teve por brincadeira presentear seus correspondentes com histórias de seus pequenos desastres pessoais (embora geralmente evitasse os grandes). A viagem a Chicago lhe oferecera amplo material. Fevereiro estava longe de ser a época ideal para um habitante de Geórgia visitar Chicago, mas a temperatura estava mais «rebelde» do que o normal. Uma tempestade de neve reteve seu avião em Louisville, e ela teve de pegar um ônibus no trajeto restante até Chicago, onde chegou às duas da madrugada, sonolenta e exaurida.

Embora fosse um fenômeno literário, ali em Chicago Flannery fora objeto das pequenas humilhações pelas quais os escritores passam sempre que se aventuram mundo afora. A autora fez uma leitura pública, mas, como dissera a Betty Hester, «não havia plateia». Aos poucos que apareceram, ela leu «Um homem bom é difícil de

---

[1] *The Habit of Being*, p. 323.

encontrar», que se havia transformado num clássico para essas ocasiões. Consciente de estar sobre um palco diante de um público do norte, Flannery optou por omitir o trecho «sobre o negrinho que não usava calças». Como dissera a Betty Hester, «consigo escrever com facilidade o que sou proibida de ler»[2].

Além da leitura pública, Flannery também conduziu dois seminários de escrita, embora «não tenham feito muito pelos alunos que desejavam escrever». No entanto, a parte mais irritante de sua visita fora ter de passar cinco dias nos dormitórios estudantis e interagir com os alunos. Como dissera à amiga Elizabeth Bishop, «certa senhora distinta lhes deu dinheiro para ter uma escritora, ou qualquer outra personalidade feminina, passando uma semana nos dormitórios e respondendo a perguntas». As perguntas, em vez de reduzir o abismo entre Flannery e seus interlocutores, apenas o escancarou ainda mais: «O ponto mais baixo se deu quando – depois de bons dez minutos de silêncio – uma garota perguntou: "Srta. O'Connor, quais são os costumes natalinos na Geórgia?"»[3].

Seus ânimos foram aplacados, sem dúvida, pelas notícias que recebera naquela mesma semana: havia sido premiada com uma bolsa de oito mil dólares pela Ford Foundation. Para entendermos o que significava essa quantia, os 700 dólares que recebera por uma semana em Chicago havia sido o maior pagamento que já lhe tinham dado por uma palestra. Nunca lhe haviam oferecido mais de 425 dólares por um conto. O prêmio era dessa grandeza para que ela não precisasse fazer tantas

---

(2) Ibid.
(3) Ibid., p. 327.

leituras e palestras por dois anos, mas se dedicasse à ficção. «Mas eu não quero trabalhar nunca mais!», escreveu a seu amigo Thomas Strich. «Então depende de mim multiplicar esse talento». Alguns anos antes, ela havia investido os dois mil dólares da Kenyon Fellowship numa propriedade para aluguel que ainda gerava receitas – uma casa «para cupins e para a ralé-branca»[4]. Ela também esbanjou uma nova cadeira de escritório. Todavia, desacostumada a «viver como uma Ford», queria fazer aquele dinheiro durar no mínimo oito ou dez anos.

No fim da primavera, Flannery esteve à frente de uma leitura e uma palestra na Universidade de Vanderbilt. Dissera a Cecil Dawkins que estava pensando em ler «O negro artificial». «Não estarei ferindo os sentimentos de ninguém», afirmou, relembrando o quão desconfortável se sentira em Chicago. «É muito bom se sentir em casa em algum lugar», disse, «ainda que ali»[5]. As opiniões de Flannery sobre as diferentes regiões e raças eram complexas, mas este último sentimento serve como um excelente resumo. Ela nunca se orgulhara do passado (ou presente) racial do sul, e tampouco achava que as relações raciais em qualquer outra região fossem muito melhores. Flannery deleitara-se com uma história que Brainard Cheney lhe tinha contado naquela primavera. Ele tinha ido a Nova York a fim de fazer pesquisas para um romance sobre amizades inter-raciais, mas, depois de duas semanas de tentativas, seus «amigos abolicionistas» não foram capazes de apresentá-lo a um único negro. Flannery não pôde evitar o comentário: «Bem,

---

(4) Ibid., p. 325.
(5) Ibid., p. 321.

pelo menos aqui nós somos ignorantes sentados à mesa, e não debaixo dela»[6].

Mesmo que se sentisse em casa em Nashville e apreciasse a «agradável atmosfera» do departamento de inglês de Vanderbilt, Flannery nunca se sentia totalmente à vontade em ambientes acadêmicos. Ao voltar de lá, escreveu: «Já tive convívio suficiente com escritores por mais algum tempo. Quem quer que tenha inventado esses coquetéis deveria ser preso [...]»[7]. Flannery se incomodava com a tendência acadêmica de tratar as histórias como problemas ou quebra-cabeças a serem solucionados. «Na maioria das aulas de inglês, os contos se tornam algo como um espécime literário que deve ser dissecado. Sempre que um conto meu aparece numa antologia [...], vejo-o assim – seus pequenos órgãos abertos, como um sapo numa garrafa»[8].

Flannery não tinha paciência para o tipo de perguntas que os estudantes e professores costumavam fazer sobre suas histórias. Ela escreveu a respeito de um jovem professor da Macon Wesleyan College, «um tipo sério», que lhe fizera somente perguntas erradas depois da leitura de «Um homem bom é difícil de encontrar»:

«Srta. O'Connor», perguntou ele, «por que o chapéu do Desajustado era preto?». Respondi que, na Geórgia, a maioria dos homens do campo usava chapéu preto. Ele pareceu um tanto decepcionado. E então disse: «Srta. O'Connor, o Desajustado re-

---

(6) Ibid., p. 330.
(7) Ibid., p. 329.
(8) *Mystery and Manners*, p. 108.

presenta Cristo, não?». «Não», respondi. Ele pareceu abalado. «Bem, srta. O'Connor», disse, «qual é o significado do chapéu do Desajustado?». Respondi que era cobrir-lhe a cabeça. Depois disso, ele me deixou em paz. Pois bem, eis o que está acontecendo com o ensino da literatura[9].

Qualquer euforia que Flannery possa ter sentido ao completar o rascunho de *Os violentos o arrebatam* logo abriu espaço para as dúvidas que frequentemente atormentam os escritores. Na primavera de 1959, declarou estar «naquele estado em que você não sabe se seu trabalho deu certo ou se é o pior romance já escrito»[10]. A Betty Hester, declarou que estava «cada vez mais satisfeita com o título e cada vez menos satisfeita com tudo o mais»[11]. O melhor que poderia dizer em sua defesa era que «ninguém mais teria desejado escrever isso, exceto eu»[12]. E isso era verdade. Para o bem ou para o mal, *Os violentos o arrebatam* representa a escrita de Flannery de maneira destilada e fortalecida.

O mero resumo da história que Flannery enviou a Betty Hester já demonstra o quanto seu segundo romance tem em comum com o primeiro: «Meu livro fala sobre um garoto que foi criado no mato por seu tio para ser profeta. O livro narra seu esforço para não ser um profeta – que é em vão»[13]. Francis Marion Tarwater é outro profeta

---

(9) *The Habit of Being*, p. 334.
(10) Ibid., p. 320.
(11) Ibid., p. 317.
(12) Ibid., p. 323.
(13) Ibid., p. 344.

protestante atormentado pelo sangue sábio – aquela fome visceral do sagrado – que o conserva responsável pelas verdades que ele preferiria não encarar.

Desde a primeira frase, fica claro que Flannery pinta um retrato do mundo decaído por meio do que há de mais repugnante:

> Havia apenas meio dia que o tio de Francis Marion Tarwater estava morto quando o garoto ficou tão bêbado que nem pôde terminar a cova dele e um negro chamado Buford Munson, indo lá a fim de encher a sua jarra, teve de acabá-la e arrastar o corpo da mesa do café da manhã, onde ele continuava sentado, e enterrá-lo de modo cristão e digno, com o sinal do Salvador na cabeceira da cova e bastante terra por cima, para impedir que os cachorros a escavassem[14].

O sinal do Salvador está lado a lado com os cães farejadores que parecem desvelar a carne putrefata de um velho: a Transcendência afirma a si mesma num mundo que, por força própria, tende a destruir-se permanentemente. Esse longo trecho de abertura contém em si, resumida, toda a obra de Flannery O'Connor.

Um alambique ilegal em meio à mata parece um campo de treinamento um tanto incomum para um jovem profeta. Nossa primeira visão do garoto, portanto, que tem catorze anos e está totalmente bêbado, nos dá um leve motivo para crer que ele perderá a luta por tornar-se profeta. Quando o demônio mesmo aparece no primeiro capítulo, Tarwater está bastante obstinado a segui-lo. Como

---

(14) *Three by Flannery O'Connor*, p. 125.

sempre, porém, o demônio acaba por fazer a obra do Pai a despeito de si mesmo. Por mais sombrio que pareça, *Os violentos o arrebatam* é um drama redentor. A frágil compreensão que Tarwater tem da realidade não muda o fato de que as realidades últimas exercem seu firme domínio sobre ele.

Em março de 1959, Flannery começou a retrabalhar o meio de *Os violentos o arrebatam* seguindo os conselhos de Caroline Tate. Em julho, já estava preparada para enviar o manuscrito ao editor, mas ainda ali as dúvidas a dominavam. Catharine Carver dissera-lhe que era a melhor coisa que já escrevera, mas Flannery não estava certa disso – e com certeza pensava que o público leitor não acharia aquilo nada bom. «Temo todas as críticas, todos os mal-entendidos quanto a minhas intenções, etc., etc. Às vezes o máximo que você pode pedir é para ser ignorada»[15].

A principal preocupação de Flannery era que seu público poderia estar «tão descristianizado» que não seria capaz de compreender absolutamente nada do livro. Um dos principais personagens da obra é Rayber, tio do jovem Tarwater e sobrinho do velho Tarwater. É professor de escola, um homem moderno, interessado nas raízes psicológicas dos delírios proféticos de Tarwater, mas sem jamais levar em consideração suas razões espirituais. «O leitor moderno irá se identificar com o professor», escreveu Flannery a John Hawkes, «mas é o velho que fala por mim»[16]. Não é difícil imaginar o velho Tarwater – ou mesmo o jovem – lutando contra um anjo, como a pequena Flannery que se fechava em seu quarto para bri-

---

(15) *The Habit of Being*, p. 340.
(16) Ibid., p. 350.

gar com seu guardião celeste. A visão de Tarwater, assim como a de O'Connor, é terrível, mas ainda assim é uma visão misericordiosa.

As cartas de Flannery no intervalo entre o envio do manuscrito e a publicação de *Os violentos o arrebatam* sugerem que ela vinha se preparando para dar explicações. Há inúmeras meditações teológicas ao longo do livro *O hábito de ser*, mas as cartas da segunda metade de 1959 parecem mais preocupadas com assuntos teológicos do que o normal. Ela parecia especialmente interessada em questões de autoridade espiritual, por um lado, e do mistério, por outro.

As histórias de Flannery são histórias sobre pessoas que vão tateando seu caminho em direção à graça – ou cambaleando cegamente rumo a ela, ou talvez fugindo dela em vão. Os profetas protestantes são guiados pelo «sangue sábio», um tipo de instinto para o Absoluto.

> O sangue sábio há de ser caminho da graça para essas pessoas – elas não têm sacramentos. A religião do sul é uma religião do tipo «faça você mesmo», algo que eu, como católica, acho doloroso, e comovente, e sombriamente cômico. É repleta de um orgulho inconsciente que os conduz a toda sorte de situações religiosas absurdas. Eles não têm nada que repreenda suas heresias práticas e, por isso, lidam com elas de maneira dramática. Se isso fosse apenas cômico para mim, não seria nada bom, mas aceito as mesmas doutrinas fundamentais do pecado e da redenção e do juízo que eles[17].

---

(17) Ibid., p. 350.

Flannery partilhava dessas doutrinas fundamentais com os Tarwater, com Hazel Motes e com os pregadores itinerantes em excursão pelo sul. No entanto, sempre se via falando com uma autoridade que não era dela mesma. Submeteu-se a essas doutrinas sem entender e concordar sempre; a crença, segundo a entendia Flannery, era algo a ser recebido, e não descoberto. «O bom católico age de acordo com as crenças [...] que recebe da Igreja. [...] Se você quiser saber o que são as crenças católicas, terá de estudar o que a Igreja ensina em matéria de fé e moral»[18].

Graça e pecado, perdão e amor, misericórdia, inferno e céu – tudo isso é mistério. «Se existissem de modo que pudéssemos compreendê-los, não seriam dignos de compreensão», escreveu Flannery. «Um Deus que você compreendesse seria menor do que você mesmo»[19]. Para ela, o propósito da ficção é retratar esses e outros mistérios – incorporá-los – de maneira humana. Flannery não esperava que a ficção explicasse o mistério, mas que acenasse para eles em suas incomensuráveis profundezas e, assim, preservasse o mistério que o dogma guarda. «O dogma é o guardião do mistério», afirmou. «As doutrinas têm significados espirituais tais que não podemos compreender»[20].

O papel do profeta e o papel do ficcionista se sobrepõem, segundo a visão de Flannery, pois a imaginação é o canal de ambos. Essa sua perspectiva deriva, é claro, de Tomás de Aquino.

---

(18) Ibid., p. 345.
(19) Ibid., p. 354.
(20) Ibid., p. 365.

A visão da Igreja é a visão profética; ela está sempre expandindo a visão. A gente comum não tem uma visão profética, mas pode aceitá-la pela fé. São Tomás também diz que a visão profética é uma qualidade da imaginação, que não tem nada a ver com a vida moral do profeta. É a visão imaginativa em si que sustenta a moralidade. A Igreja apoia e guarda sempre o que ultrapassa a compreensão humana[21].

As apreensões de Flannery a respeito de *Os violentos o arrebatam* continuavam à medida que o dia do lançamento se aproximava, em fevereiro de 1960. Escreveu a Betty Hester: «Não temo que o livro seja controverso, mas que ele não seja. Temo que seja apenas ignorado e abandonado, desprezado com sutileza, interessante a um ou dois e então nada mais». A autora tinha dúvidas fora do comum — e antecipadas — em relação ao jovem Tarwater três meses antes de o romance ser publicado:

> Não acho que Tarwater seja um monstro. Acho que em seu lugar eu teria feito o mesmo que ele fez. Tarwater é fruto de minha pergunta: o que devo fazer aqui? Não creio que ele seja uma caricatura. Acho-o totalmente crível, plausível, dadas as suas circunstâncias. Bem, teremos de esperar para ver. Eu espero o pior. Pelo menos é um livro peculiar. Não consigo pensar em qualquer outro que ele possa lembrar. Ninguém seria encontrado morto escrevendo-o, exceto eu[22].

---

(21) Ibid., p. 365.
(22) Ibid., p. 358.

Cópias prévias do romance foram distribuídas por volta do Ano-novo, e em janeiro de 1960 as primeiras críticas começaram a pipocar. Os medos de Flannery, como se viu, eram justificados. A resenha da *Library Journal* descreveu Flannery como alguém «que se orienta mais por uma necessidade moral do que como uma artista»; também depreciou Tarwater, tratando-o como mais um membro de seu típico «grupo de pobres devotos e brancos do sul» (aos olhos dos críticos literários, gracejou Flannery, ser devoto «é uma manifestação da decadência sulista»[23]).

Flannery, por outro lado, foi incentivada pelas animadoras palavras de Andrew Lytle, que havia lido a prévia. «Não há muitas pessoas em cuja opinião sobre o assunto eu possa confiar», disse a autora a Lytle, mas ele era uma dessas pessoas. Flannery lhe escreveu: «Cheguei a um ponto em que continuo pensando mais e mais sobre a representação do amor e da caridade, ou melhor, da graça, pois o amor sugere ternura, enquanto a graça pode ser violenta, ou teria de sê-lo, para enfrentar o tipo de mal que posso tornar concreto»[24].

À maioria dos críticos – mesmo aos que fizeram um juízo positivo de *Os violentos o arrebatam* – faltava o aparato teológico para compreender o que Flannery estava fazendo, embora ela já tivesse escancarado no título suas intenções. A violência assombrosa do romance – verbal, simbólica e física – é um meio para a graça, o meio pelo qual o Reino de Deus é arrebatado. Ela não fala de misericórdias repletas de ternura. Antes, parece ter escutado

---

(23) Ibid., p. 371.
(24) Ibid., p. 373.

o mesmo chamado ao qual o jovem Tarwater enfim se submete: «Vá alertar as crianças para a implacável velocidade da misericórdia»[25].

A crítica que mais a enfureceu saiu na revista *Time* sob o título «Caipiras embriagados de Deus». *Os violentos o arrebatam*, escreveu o crítico, é «uma espécie de história de terror da fé [...]. Embora o tratamento conferido ao interiorano embriagado de Deus tenha por base a seriedade religiosa, ele raras vezes consegue superar a zombaria. É essa impressão do fiel esclarecido que zomba amargamente do confuso e do atormentado o que permanece na cabeça do leitor depois que a história se encerra»[26].

Flannery sabia que seria incompreendida. O que achou imperdoável foi o fato de a resenha da *Time* fazer referência à sua doença. «A *Time* é incapaz de me ferir», escreveu a Maryat Lee, «mas não quero mais que chamem a atenção para mim dessa maneira. Meu lúpus nada tem a ver com questões literárias»[27].

A *New Republic* afirmou que *Os violentos o arrebatam*, não obstante sua perspicácia e seu disperso brilhantismo, deixava uma impressão final de «rabugice e provincianismo». A exemplo de *Sangue sábio*, as críticas positivas a *Os violentos o arrebatam* não demonstraram, na visão de Flannery, nenhuma compreensão genuína do livro em comparação às críticas negativas. «Para todos, trata-se de uma viagem num barco com fundo de vidro», escreveu[28].

---

(25) *Three by Flannery O'Connor*, p. 267.
(26) *The Critical Response to Flannery O'Connor*, pp. 45-46. Publicada originalmente na edição da *Time*, fevereiro 1960, pp. 118-119.
(27) *The Habit of Being*, pp. 379-380.
(28) Ibid., p. 376.

* * *

Logo depois do lançamento de *Os violentos o arrebatam*, Flannery recebeu a carta de uma freira em Atlanta que ela não conhecia. A irmã Evangelista, que servia à madre superiora de um hospital que atendia pacientes de câncer, escreveu para perguntar se Flannery não estaria disposta a ajudar a escrever a história de uma menininha chamada Mary Ann, que tinha vivido no hospital dos três anos até sua morte, aos doze. «Há muito a se dizer sobre esses nove anos», escreveu a irmã.

Pacientes, visitantes, freiras, todos de alguma forma se viram influenciados por essa menininha enferma. Muito embora ninguém pensasse nela como uma menina enferma. Nascera com um tumor do lado direito da face; um olho lhe havia sido removido, mas o outro brilhava, cintilava, dançava alegremente; e, depois de um encontro com ela, ninguém mais tinha consciência de seu defeito físico: apenas reconheciam seu espírito belo e corajoso, e sentiam alegria depois de um tal contato[29].

A irmã Evangelista sugeriu que Flannery escrevesse uma versão romanceada da vida de Mary Ann.

Flannery não gostava da ideia de escrever uma história piedosa sobre uma garotinha piedosa. Anos antes, havia falado depreciativamente daquelas «histórias de freiras e histórias de menininha». Pareceu-lhe uma espécie de piada divina que fosse convidada a escrever a doce história de uma bebezinha que crescera rodeada de freiras.

---

(29) *Mystery and Manners*, p. 214.

Porém, ao ver a fotografia de Mary Ann que a irmã Evangelista anexara à carta, Flannery percebeu-se estranhamente atraída pela imagem deformada da garotinha:

> Seu rosto pequeno era liso e luminoso de um lado. O outro lado protuberante, os olhos enfaixados, o nariz e a boca deslocados ligeiramente. A criança encarava seu observador com serenidade e uma alegria clara. Continuei olhando para a foto por muito tempo depois que achei que havia terminado[30].

Ainda assim, Flannery sabia quais eram seus dons – e eles não a faziam propensa a histórias de inspiração sobre crianças heroicas. Ela escreveu às irmãs dizendo que a história de Mary Ann deveria ser contada como um fato, e não como ficção, e que as irmãs mesmas estavam em posição de registrar os fatos. Ela se ofereceu para ajudá-las a preparar os manuscritos e dar alguns conselhos de edição depois que concluíssem o texto. Flannery acreditava ter se livrado do ofício: ao reencaminhar a maior parte do trabalho de volta para as freiras, acreditou que havia efetivamente enterrado o projeto. Afinal, freiras enfermeiras em um hospital de câncer são gente ocupada.

Em agosto, no entanto, a irmã Evangelista enviou um manuscrito completo a Flannery. Como era de se esperar, a história de Mary Ann não estava especialmente bem contada. No entanto, Flannery viu-se hipnotizada pela vida da garotinha. Deformada e morrendo lentamente desde o primeiro dia em que as irmãs puseram os olhos

---

(30) Ibid., p. 215.

nela, Mary Ann trouxera beleza e vivacidade a todos os que a conheceram. As freiras, por sua vez, alimentaram sua vida interior mesmo enquanto a preparavam para sua inevitável morte. Como Flannery lindamente descreveu, «ela caiu nas mãos de mulheres que não se chocavam com nada e que amam tanto a vida que dedicam as suas para levar conforto aos que se viam marcados por um câncer incurável. Crianças saudáveis eram levadas ao hospital para visitá-la e, ao sair, talvez ouvissem que deveriam ser gratas por Deus lhes ter concedido rostos perfeitos. Duvido, porém, que alguma dessas crianças fosse tão afortunada quanto Mary Ann»[31].

Flannery cumpriu a promessa de ajudar as freiras a concluir o manuscrito. Também escreveu uma introdução à obra, uma meditação sobre a beleza e a deformidade que coexistiam no rosto daquela garotinha. Talvez se trate da melhor apresentação do significado do grotesco em sua ficção e em sua visão de mundo.

Conhecemos muito bem a face do mal, argumenta Flannery, em parte porque frequentemente o vemos sorrir de volta para nós no espelho. Quando olhamos para o mal, esperamos ver aberrações. Mas e quanto ao bem? Qual é a face do bem?

> Poucos encararam [o bem] tempo o suficiente para aceitar o fato de que sua face é também grotesca, que em nós o bem é algo em construção. Os modos do mal normalmente adquirem uma expressão digna. Os modos do bem têm de se satisfazer com clichês ou ser atenuados, suavizando sua aparência real. Quando

---

(31) Ibid., p. 224.

olhamos a face do bem podemos ver um rosto como o de Mary Ann, repleto de promessas[32].

O sofrimento das crianças, observou Flannery, é frequentemente apontado como evidência de que Deus não é bom. Isso implica em que a ternura que sentimos em relação às crianças sofredoras seja a prova de que Deus, se existe, é menos amoroso do que nós. Mas essa falsa ternura é um sinal de nossa cegueira espiritual.

Se em outras eras sentia-se menos, nelas via-se mais, embora com o olho cego, profético e não sentimental da aceitação, ou seja, da fé. Na falta de fé dos dias de hoje, agimos com ternura. Trata-se de uma ternura que, há muito apartada da pessoa de Cristo, está envolta pela teoria. Quando a ternura é desvinculada da fonte da ternura, sua consequência lógica é o terror[33].

O grotesco, o repulsivo, na ficção de Flannery O'Connor, é mais do que um indicador da maldade humana. É uma marca da *imperfeição* do homem, da fraqueza do homem, de cuja maldade é apenas uma expressão. Nossos defeitos são os meios pelos quais a graça divina atua. Esse é um fato central que torna o amor tão necessário e tão difícil. A bela deformidade de Mary Ann serve-nos como lembrança de como o mistério da misericórdia divina funciona e se desenvolve neste mundo amaldiçoado pelo pecado: «Essa ação por meio da qual a caridade cresce invisível à nossa volta, envolvendo os vivos e os mortos, é chamada pela Igreja de Comunhão dos Santos. É uma

---

(32) Ibid., p. 226.
(33) Ibid., p. 227.

comunhão criada sobre a imperfeição humana, criada a partir do que fazemos de nosso estado grotesco»[34].

Quando o manuscrito do livro foi finalizado, Flannery diligentemente encaminhou-o a Robert Giroux com uma carta nada otimista. «Se você acha que há qualquer possibilidade de isso ser publicado em algum lugar, estou à disposição para tentar melhorá-lo»[35]. Flannery apostou com as irmãs um casal de pavões que o manuscrito jamais veria a luz do dia.

---

(34) Ibid., p. 228.
(35) *The Habit of Being*, p. 421.

12

Tudo o que se eleva deve convergir
1961-1963

Chegando ao fim de 1960, Flannery começou a sentir certo desalinhamento no maxilar. Radiografias revelaram que ele estava se desintegrando, a exemplo do que vinha ocorrendo com o osso do quadril nos últimos anos. Flannery e os médicos se deram conta de que chegara o momento de avaliar o estado de seus ossos em geral, e em 12 de dezembro ela deu entrada no Hospital Piedmont para uma bateria de exames.

Flannery ficou mais de uma semana ali, tirando radiografias e fazendo exames de sangue. Como sempre, conservava seu senso de humor naquela frágil situação. A Maryat Lee, escreveu contando sobre a recepcionista – «dotada de cabelos cor de cenoura e óculos combinando» – que lhe fizera as perguntas de rotina:

«Qual é sua ocupação?», diz. «Sou escritora», respondo. Ela para de digitar e pergunta, depois de um segundo: «O quê?».

«Escritora», digo.

Ela me observa por um instante, e então diz: «Como se escreve isso?»[1].

Flannery voltou para casa pouco antes do Natal. O dr. Merrill chegou à conclusão de que a decomposição do osso fora causada pelo uso dos corticoesteroides empregados no controle do lúpus por dez anos. O médico decidiu descontinuar a medicação e ver como o corpo de Flannery reagiria.

Em janeiro, a autora foi surpreendida ao saber, por Robert Giroux, que a Farrar, Straus havia decidido editar o livro sobre Mary Ann. «As irmãs estão dançando e saltitando pelos corredores», escreveu a Giroux[2]. Fiel à sua palavra, Flannery enviou um casal de pavões ao hospital de câncer. As irmãs tinham um viveiro de setenta e cinco pés construído para os pássaros, e eles se tornaram os favoritos das crianças.

Em troca, as freiras enviaram a Flannery uma pequena televisão. Flannery disse a Brainard Cheney que assistia apenas às notícias e às coletivas de imprensa do presidente Kennedy, mas com o passar do tempo a televisão se tornou um meio pelo qual Flannery fazia suas pesquisas sobre os modos do povo. A uma amiga, admitiu que gostava especialmente dos comerciais. «O meu preferido é o do Tube Rose Snuff», disse. «Tem aquele do The Loan Arranger que Regina não consegue assistir sem comentar»[3]. Ela também passou a se interessar pelas corridas de *stock car* (embora tenha reclamado de que, pela tele-

---

(1) *The Habit of Being*, p. 423.
(2) Ibid., p. 428.
(3) Ibid., p. 443.

visão, «não dava para ver nada além dos carros»[4]) e a assistir à programação esportiva local diariamente. Fã de W.C. Fields, assistia a todos os seus filmes quando passavam, relutando nas partes em que o próprio Fields não estava na tela. «Acho que poderia escrever um bom filme para ele», disse. «Mas seria só ele»[5].

Depois que o dr. Merrill descontinuou os esteroides, O'Connor desistiu de viajar na primavera, assumindo o comportamento de «esperar para ver». «Pretendo ficar sentada tranquilamente e escrever algumas histórias», afirmou. Flannery pensou em comprar uma máquina de escrever elétrica para economizar energia; naquela época, ela ainda estava digitando sua prosa numa velha máquina manual.

As histórias que vinha escrevendo naquele inverno e primavera eram «As costas de Parker» e «Tudo o que se eleva deve convergir». O Parker do primeiro conto é um homem obcecado por tatuagens. Flannery nunca tendera à escrita de uma ficção sobre o poder da arte, optando por criar uma arte poderosa que se expressasse por si mesma. «As costas de Parker» é exceção. Ainda assim, é inconfundivelmente flanneriana: num dos trechos em que o personagem descobre sua vida modificada pela arte, a arte em questão é o corpo tatuado de um artista de circo. Um Parker de catorze anos de idade fica fascinado pelo mosaico reluzente e ondulante do homem tatuado:

> Parker se encheu de emoção, alvoroçado como certas pessoas ao desfilar de uma bandeira. [...] Quando o espetáculo acabou, continuou trepado no banco, a

---

(4) Ibid., p. 523.
(5) Ibid., p. 513.

olhar fixamente para onde o homem tatuado se exibira, até a barraca ficar praticamente vazia.

Parker jamais sentira em si mesmo qualquer sinal de prodígio. Não lhe entrava na cabeça, até ver aquele homem do parque, que houvesse algo fora do comum quanto ao fato de sua própria existência[6].

O Parker sem rumo adquire assim um propósito – equivocado, como havia de ser. Numa memorável imagem de autodevoção, ele começa a cobrir cada centímetro de seu corpo com tatuagens, tornando-se, enfim, seu próprio ícone religioso ao estampar um imenso Cristo bizantino nas costas, último espaço disponível em si.

Flannery começou a escrever «As costas de Parker» em janeiro de 1961, mas só o concluiu em seu leito de morte três anos e meio depois. «"As costas de Parker" não está indo muito bem», reclamou. «É muito engraçado para ser sério como deveria[7]».

«Tudo o que se eleva deve convergir», por outro lado, progrediu bem naquela primavera. O título do conto deriva de Pierre Teilhard de Chardin, padre jesuíta e paleontólogo cujas visões sobre a evolução lhe criaram problemas com os superiores eclesiásticos. Teilhard via a criação como um desenvolvimento contínuo. A evolução, para ele, não era apenas um processo biológico ou científico, mas também um processo moral e espiritual, por meio do qual a vida humana está convergindo em direção a um ponto que ele chamou de Ômega – um ponto identificado com Cristo.

---

(6) *Contos completos*, p. 634.
(7) Ibid., p. 427.

Teilhard, pensador progressista, desafiou muitas das certezas que governavam a vida de Flannery O'Connor – especialmente nas áreas políticas, sociais e raciais. No entanto, ela se sentia inspirada com o seu trabalho. «Ele estava atento a tudo o que se deve estar atento»[8].

Em «Tudo o que se eleva deve convergir» Flannery procurou aplicar a teoria da convergência de Teilhard a «certa situação nos estados sulistas e em todo o mundo»[9]. A maior parte da história se passa num ônibus municipal, caldeirão das políticas raciais no sul dos Estados Unidos nas décadas de 1950 e 1960. À típica dupla da mãe autoritária com o filho adulto e progressista junta-se agora a mãe negra – personificação da convergência que inevitavelmente resultará da crescente fortuna dos afro-americanos. Os personagens brancos – tanto os progressistas quanto os reacionários – descobrem que não estão preparados para essa convergência.

Flannery classificou a história como «minha reflexão sobre a situação racial». De fato, embora questões assim apareçam na maioria de seus contos, «Tudo o que se eleva...» é o único que aborda tão direta e conscientemente a mudança dessa dinâmica racial no sul como um «fato». Não obstante, trata-se mais de uma história sobre relações interpessoais e familiares do que sobre as questões de raça. A atmosfera do conto é carregada destas questões; no entanto, o drama mais importante dá-se entre a mãe e o filho. Quando o jovem entra no «mundo da culpa e do pesar», essa culpa diz respeito a seus pecados contra sua mãe, e não contra a mulher negra no ônibus ou contra

---

(8) *The Habit of Being*, p. 449.
(9) Ibid., p. 438.

os negros em geral. Talvez a «reflexão sobre as questões raciais» de Flannery conclua que, mesmo que as raças se elevem e se encontrem, nós ainda somos responsáveis por nós mesmos enquanto indivíduos, e não enquanto raças. Por mais arraigado que seja o problema das «questões raciais», elas não são o nosso maior problema; são, antes, sintomas de nosso problema mais profundo: o pecado.

Em abril de 1961, Flannery tomou injeções de cortisona e novocaína nos quadris, mas o alívio que essas doses proporcionaram só durou duas semanas. Quando a dor voltou, Flannery começou uma campanha pela cirurgia de substituição do quadril. O cirurgião ortopédico estava disposto a fazê-la, mas o dr. Merrill a proibiu, temendo que o estresse corporal de uma operação assim pudesse despertar o lúpus que estava em uma fase latente. Como ele mesmo dissera antes do último Natal, quando Flannery estivera no hospital, «é melhor estar viva com problemas nas articulações do que estar morta sem esses problemas»[10]. Ela teria de viver com dor – com aquilo que Teilhard chamava de «enfraquecimento passivo».

Em julho de 1961, Caroline Gordon fez uma visita às O'Connor em Andalusia. Leu uma primeira versão de «Os aleijados entrarão primeiro» e fez uma crítica mais dura do que aquelas com as quais Flannery estivera acostumada até então. Assinalou como o conto «não tinha drama algum e um milhão de outras coisas que eu mesma veria se tivesse a mesma energia». Como uma artista que está sempre se esforçando para aprimorar sua arte, Flannery levou a sério as críticas da amiga: «O maior dos meus problemas é a preguiça; não tanto a preguiça física

---

(10) Ibid., p. 423.

quanto a mental, mas o não se dar ao trabalho de pensar como uma situação deve ser dramatizada. Escrevi tantas histórias sem pensar que, quando tenho de pensar em uma, é doloroso»[11].

Caroline Gordon temia que o senso dramático de Flannery tivesse sido comprometido por todas as palestras e ensaios que andava escrevendo. Flannery resolveu abandonar o caminho da não ficção e dedicar-se totalmente à ficção (e às cartas). No entanto, seus problemas artísticos pareciam mais profundos do que esse. Ela estava entrando num período de seca que duraria – com algumas abençoadas interrupções – até o fim do pouco tempo que lhe restava.

Com o avanço do verão de 1961, boas notícias continuaram chegando para o livro sobre Mary Ann. Em julho, a revista *Good Housekeeping* pagou 4.500 dólares para publicá-lo na edição de Natal. A parte de Flannery, de 1.125 dólares, foi a maior quantia que ela já recebera por uma história (seu recorde anterior fora os 750 dólares por «O rei dos pássaros», texto sobre pavões publicado naquele mesmo verão na revista *Holiday*). Também em julho, a Burnes & Oates, de Londres, comprou os direitos britânicos da história. Flannery observou: «É quase cômico o quão rápido isso está avançando, esse projeto do Senhor. Sinto que é um projeto do Senhor»[12].

* * *

Em outubro de 1961, Betty Hester escreveu a Flannery para contar que ela estava deixando a Igreja apenas

---

(11) Ibid., p. 445.
(12) Ibid.

cinco anos depois de entrar. Disse que o absoluto desprezo por si mesma sempre a fizera querer ser outra pessoa; sua fase cristã, como passara a acreditar, não passava de um esforço por se tornar alguém que ela não era. Agora, porém, talvez em parte devido à sua experiência com a Igreja, ela se sentia livre para ser ela mesma.

«Desconheço algo que nos pudesse trazer tanto sofrimento por aqui como esta notícia», escreveu Flannery à amiga. Ela garantiu a Betty que ainda seria sua amiga, mas que estava chateada com a «percepção de que isso representa um estreitamento da vida para você e uma diminuição do desejo pela vida. [...] A perda [da fé] é basicamente uma falta de apetite, motivada por um intelecto estéril»[13].

Nas cartas que se seguiram à «desconversão» de Hester, Flannery é ainda mais clara do que o normal na argumentação sobre a natureza de sua fé. «A fé vem e vai», escreveu. «Ela se eleva e cai como as marés de um oceano invisível. Se é presunçoso achar que a fé o acompanhará para sempre, é igualmente presunçoso achar que a falta de fé o irá»[14].

A fé, para Flannery, envolve o esquecimento de si, cujo âmago consiste não na autoabnegação, mas na libertação da tirania do amor-próprio.

> Fico feliz com que a Igreja lhe tenha dado a capacidade de olhar para si mesma e gostar de você assim como é. O natural vem antes do sobrenatural, e esse talvez seja o primeiro passo para encontrar a Igreja no-

---

(13) Ibid., p. 452.
(14) Ibid.

vamente. Então você questionará de que serve olhar para si e gostar ou não. Você terá encontrado Cristo quando se preocupar com o sofrimento de outras pessoas em vez do seu[15].

Em carta posterior, o tom de Flannery é mais direto e não tão terno: «O que me intriga é que você passou cinco anos na Igreja e saiu com um conhecimento assaz pobre do que ela ensina – que você confunde o abandono de si em sentido cristão com a recusa de ser você mesma, com um suplício. [...] O suplício não é normal; o ascetismo é»[16].

Para Flannery, esse autoabandono não era somente uma questão espiritual, mas também artística. O autoesquecimento do artista, como o autoesquecimento do cristão em geral, é o caminho para a satisfação. Aquele que perde a sua vida a encontrará. Esta é uma das maiores contradições da fé.

Escrever é um bom exemplo de autoabandono. Nunca me esqueci totalmente de mim, exceto quando estou escrevendo, e nunca sou tão eu mesma como quando estou escrevendo. O mesmo acontece com o autoesquecimento cristão. A grande diferença entre o cristianismo e as religiões do Oriente é a insistência cristã na realização do ser individual[17].

Betty Hester nunca retornou à Igreja. Mesmo assim, ela e Flannery nunca deixaram de se corresponder, e essas

---
(15) Ibid., p. 453.
(16) Ibid., pp. 457-58.
(17) Ibid., p. 458.

cartas foram amáveis como de costume. Todavia, a intensidade teológica de seus primeiros seis anos de correspondência arrefeceu depois daquelas cartas que Flannery escreveu logo que soube que Betty Hester havia abandonado a fé.

* * *

No outono de 1961, Flannery voltou mais uma vez a «Os aleijados entrarão primeiro», conto que Caroline Gordon dissera ser pouco dramático. Flannery o descreveu naquele estágio inicial como «uma composição de todas as excentricidades de minha escrita», temendo que pudesse se deparar com um tipo de paródia de si mesma. Esse medo tinha fundamento. A história gira em torno de um delinquente juvenil com o pé torto chamado Rufus Johnson, «um dos primos terríveis de Tarwater». Ele engana um assistente social bem-intencionado e desorientado chamado Sheppard – «homem que pensava ser bom e estar fazendo o bem quando não estava. [...] Se Sheppard representa qualquer coisa aqui», escreveu à amiga Cecil Dawkins, «trata-se, como ele percebe ao fim da história, do homem vazio que preenche o próprio vazio com boas obras»[18].

Flannery debruçou-se por meses sobre «Os aleijados entrarão primeiro» depois que Caroline Gordon teceu-lhe sua crítica tenaz, mas nunca conseguir satisfazê-la. Andrew Lytle, no entanto, aprovou o conto para a edição de verão da *Sewanee Review*, a qual também incluiria uma série de ensaios críticos sobre a obra de Flannery. Quanto

---

(18) Ibid., pp. 490-91.

ao prazo de entrega, a autora disse a Betty Hester: «Continuarei suando, acho».

Flannery estava num ponto em que todos os seus escritos lhe exigiam muito suor. Em março de 1962, escreveu ao padre McCown: «Reze para que o Senhor me mande mais [histórias]. Passei dezesseis anos escrevendo e tenho a sensação de haver esgotado o meu potencial original e estar agora precisando de um tipo de graça que aprofunda a percepção, uma nova dose de vida ou algo parecido»[19]. Ela não escreveu novos contos em 1962.

Em vez disso, Flannery viajou e ministrou palestras e leituras, ignorando as promessas feitas a Caroline Gordon. Na primavera, foi à North Carolina State University e ao Meredith College, faculdade para mulheres também em Raleigh, Carolina do Norte. Depois, à Converse College, em Spartansburg, Carolina do Sul, onde participou de um festival literário com Eudora Welty, Cleanth Brooks e Andrew Lytle. Na semana seguinte, ao Rosary College, em Chicago, depois Notre Dame e, por fim, «para casa, com a língua dependurada, decidida a não ir a lugar algum pelo maior tempo possível»[20].

No verão, Flannery deu os primeiros passos rumo a um terceiro romance. Concebeu-o como continuação do conto «O calafrio constante», narrativa sobre o jovem escritor que volta de Nova York para morrer na fazenda da família, apenas para descobrir que não está morrendo, mas somente debilitado. Flannery intitulou a história «Por que raiva o gentio?». O progresso foi lento, embora não tão lento como nos dois romances que completara com sucesso.

---

(19) Ibid., p. 468.
(20) Ibid., p. 471.

No outono ela recomeçou as excursões, visitando universidades na Louisiana e no Texas, onde ouviu perguntas como: «Por que você escreve?». (Resposta: «Porque sou boa nisso».) Flannery também visitou Nova Orleans pela primeira vez, onde esteve em três universidades e conheceu o romancista Walker Percy, que havia acabado de ganhar o National Book Award pelo livro *The Moviegoer*. Um velho amigo de Milledgeville era curador do Museu do Jazz em Tulane e a levou para conhecer a cidade. Nova Orleans lhe causou ótima impressão. Escreveu a John Wawkes: «Se eu tivesse de escolher uma cidade para viver, creio que preferiria Nova Orleans a qualquer outra – católica, sulista, e com sinais de que a presença do Mal é livremente reconhecida»[21].

O ano de 1963 começou e o bloqueio de Flannery continuava inabalável. Ela deixou de lado «Por que raiva o gentio?», mas não conseguiu escrever mais nada além de uma palestra a ser ministrada na Sweetbriar College e um breve prefácio para *Sangue sábio*, que Robert Giroux lhe pediu por ocasião do relançamento do romance, outrora publicado pela Harcourt, Brace. Flannery usou esse prefácio para rebater os críticos que haviam compreendido tão mal seus contos e romances.

> Que a fé em Cristo seja para alguns questão de vida ou morte tem sido um empecilho aos leitores que preferem achar que se trata de uma questão sem grandes consequências. Para eles, a integridade de Hazel Motes está em sua vigorosíssima tentativa de se livrar da figura andrajosa que o impele de galho em galho no

---

(21) Ibid., p. 500.

fundo de sua mente. Para a autora, a integridade de Hazel está em sua incapacidade de fazê-lo. [...] A liberdade não é algo criado facilmente. É um mistério, um mistério que um romance, mesmo um romance cômico, só pode ser chamado a aprofundar[22].

Sua experiência na Sweetbriar – no Simpósio de Religião e Artes – foi ofuscada pelas mesmas preocupações que marcaram o prefácio a *Sangue sábio*. Na volta, Flannery escreveu aos Fitzgerald: «Céus, meu estômago está repleto de religião progressista!». Flannery descreveu uma palestra sobre arte e magia que escutara e cuja essência estava em que «religião era algo bom porque era arte e magia. Não há nada por trás disso, mas faz bem para você». Depois de uma série de palestras sobre simbologia, Flannery concluiu: «Eu me intrometi e lhes ofereci uma boa dose de ortodoxia. Com certeza devem ter achado bastante pitoresco»[23].

Flannery continuou sua turnê pelas universidades, visitando a Troy State e a Universidade da Geórgia depois da Sweetbriar, na primavera de 1963. A aridez ficcional se arrastava. Trabalhou em «Por que raiva o gentio?», mas as páginas que produziu continuavam em desarmônica desordem. Depois de «trabalhar todo o verão como um esquilo numa esteira ergométrica», ela esteve a ponto de concluir que «talvez esse não seja meu material»[24]. O fracasso de alguns escritores em produzir, disse ao amigo Tom Strich, resulta da falta de paciência. No caso de

---

(22) *Three by Flannery O'Connor*, p. 2.
(23) Ibid., pp. 510-511.
(24) Ibid., p. 537.

Flannery, ela tinha paciência suficiente, mas faltava-lhe energia. Vinha lutando contra a falta de vigor físico por mais de treze anos, mas parecia que naquele momento estava começando a perder a batalha. À irmã Mariella Gable, freira que conhecera numa de suas visitas a St. Louis, Flannery escreveu: «Agradeço e preciso de suas preces. Passei dezoito anos escrevendo e cheguei a um ponto em que não consigo fazer novamente o que sei que faço bem, e essas coisas grandes que preciso fazer agora me fazem duvidar da minha capacidade de fazê-las».[25]

Chegando ao fim do verão, Flannery recebeu um diagnóstico que ajudou a explicar a falta de energia que a dominava para além de seus problemas articulares e do lúpus. Exames de sangue revelaram que ela estava anêmica. Flannery começou a ingerir ferro, o que pareceu ajudar. Ela concluiu o conto «Revelação» em oito semanas. No fim de novembro, anunciou a Maryat Lee: «Escrevi uma história pela qual estou, pelo menos por ora, satisfeita, satisfeita, satisfeita»[26]. A Betty Hester, disse: «Foi um daqueles raros contos em que cada movimento me dava mais vontade de escrever»[27].

Metade do conto «Revelação» se passa na sala de espera de um médico – cenário que Flannery O'Connor tivera grande oportunidade de observar. Enquanto esperava o médico para examinar uma ferida ulcerada na perna de seu marido Claud, Ruby Turpin é atacada por uma assustadora estudante de Wellesley chamada Mary Grace, dotada de um rosto arroxeado e de uma hostili-

---

(25) Ibid., p. 518.
(26) Ibid., p. 551.
(27) Ibid., p. 552.

dade que faz a sra. Turpin confrontar a própria condição espiritual. A tagarelice na sala de espera é desenvolvida à perfeição, como se Flannery tivesse tomado notas durante todas as horas em que passara sentada em locais como aquele. De fato, ela disse a um amigo que a história «foi minha recompensa por passar tanto tempo no consultório médico. Encontrei a sra. Turpin no outono passado. Mary Grace eu encontrei em minha cabeça, sem dúvidas como resultado de muitas leituras teológicas»[28].

A história que começa com a trivialidade da sala de espera termina com a visão gloriosa de todos os santos marchando rumo ao paraíso ao longo de um purpúreo firmamento. Fora de sua própria mesquinhez, a sra. Turpin ouvia «as vozes das almas que iam subindo para o campo estrelado e davam gritos de aleluia»[29]. Flannery O'Connor viveria menos de um ano quando escreveu essas palavras – menos de um ano se passaria até que ouvisse por si só os brados de aleluia entoados pelos santos.

---

(28) Ibid., p. 579.
(29) *Contos completos*, p. 629.

13
«Além da zona dos trovões»
1964

Certa noite, pouco antes do Natal de 1963, Flannery O'Connor desmaiou. «Não tinha sangue suficiente para mover o motor, ou algo do tipo»[1], explicou a Betty Hester. Ela passou os dez dias seguintes acamada. Estava tão fraca que teve de ficar em casa em vez de comparecer à Missa de Natal.

Na noite de ano-novo ela conseguiu sair da cama por breves períodos, mas cada movimento, por mais ínfimo que fosse, a deixava exausta. Faltava-lhe energia até mesmo para pressionar as teclas de sua máquina de escrever manual. Quando saiu da cama, suas recomendações consistiam apenas em «rastejar por aí» enquanto o sangue voltava ao normal. Em 25 de janeiro, Flannery declarou-se «totalmente recuperada» – um diagnóstico que se revelaria um tanto precipitado.

---

(1) *The Habit of Being*, p. 449.

Durante aproximadamente um ano, Flannery e Robert Giroux nutriram a ideia de organizar uma segunda coletânea de contos que se chamaria *Tudo o que se eleva deve convergir*. Flannery, porém, não tinha pressa nenhuma. Em janeiro daquele ano ela dissera a Elizabeth McKee que tinha contos suficientes para uma coletânea, mas ainda não estava preparada para reuni-las num volume só.

Depois de seu desmaio, entretanto, Flannery viu-se prontamente preparada para pensar na nova coletânea de contos. Embora tendesse a subestimar a doença em suas cartas, essa nova determinação para completar *Tudo o que se eleva deve convergir* sugere que tinha certa ideia de que seu tempo era curto. «Revelação» fazia a coletânea chegar a oito histórias, e Flannery ainda estava trabalhando em «As costas de Parker», embora não soubesse se o conto seria concluído ou não.

Em fevereiro, os médicos descobriram que a anemia de Flannery tinha por causa um grande tumor fibroide, cujo tratamento mais comum era a histerectomia. No passado, o dr. Merrill insistiria em que Flannery não passasse pela operação, com receio de que o trauma corporal fizesse despertar o lúpus que permanecera latente por tantos anos. No entanto, era manifesto que seu corpo não seria capaz de funcionar sem a cirurgia.

A cirurgia foi agendada para 25 de fevereiro. Flannery gracejou: «Se não se apressarem e se livrarem dele [do tumor], terão de remover-me a mim»[2]. Flannery teve de cancelar todos as viagens planejadas. Como sua tia estava internada no hospital local, Flannery insistiu em fazer a

---

(2) Ibid., p. 567.

cirurgia em Milledgeville em vez de viajar até o Piedmont Hospital, em Atlanta. Não queria que sua mãe ficasse dividida entre cuidar dela e cuidar de sua tia.

Depois da operação, Flannery estava tipicamente otimista. «Foi tudo um sucesso estrondoso segundo os cirurgiões, e um deles irá escrever para uma revista médica, uma vez que não se fazem incisões em pessoas com lúpus»[3]. Janet McKane, professora de Nova York que recentemente se tornara uma das mais importantes correspondentes de Flannery, ofereceu por ela a Santa Missa numa igreja bizantina. Outra homenagem, menos elegante, veio de algumas freiras canadenses: «Um cheque do Banco do Céu, no qual se lia: "Pago à ordem de Flannery O'Connor 300 Ave-Marias". No canto há uma imagem do Menino Jesus, e sob ela a palavra *Presidente*. No outro canto está a Virgem – *Vice-presidente*! É preciso ter muita fé e muito estômago», observou Flannery[4].

A recuperação da escritora após a cirurgia parecia estar correndo bem. Surgiram algumas complicações na bexiga e infecção nos rins, mas eram vistos como efeitos colaterais da histerectomia. Depois de um mês, entretanto, Flannery começou a suspeitar de que a cirurgia havia reativado o lúpus. A infecção que ela havia subestimado na semana anterior tinha piorado, e ela teve de voltar aos esteroides.

No início de abril de 1964, o estado de saúde de Flannery estava piorando. A infecção nos rins resistira a cinco antibióticos diferentes. «Nenhum deles fez nada

---

(3) Ibid., p. 568.
(4) Ibid., p. 569.

para combater a infecção, mas me causaram muitos problemas – me reviraram o estômago, e o inchaço fechou meus olhos. Então vem a cortisona e acaba com o inchaço dos olhos, mas deixa seu rosto do tamanho da lua cheia»[5]. De volta aos esteroides por tempo indeterminado, Flannery estava ansiosa para encontrar a dose adequada e retornar logo ao trabalho.

O dr. Merrill alterou o antibiótico mais uma vez e, enfim, conseguiu vencer a infecção renal. Isso deu a Flannery alguma esperança, assim como a recuperação milagrosa de sua tia Mary, que estivera hospitalizada no mesmo período que ela. Regina já havia chamado a família para ir ao hospital e dar seu último adeus, mas Mary dera a volta por cima e já estava dando ordens novamente, como sempre fizera – desta vez, sentada numa cama, em vez de deitada de bruços. «Esta família vai longe», disse Flannery a Maryat Lee. «Rangemos por aí até os 96 anos. Espero que eu seja assim também. Sinto-me muito melhor»[6].

Apenas quatro dias depois de escrever essa esperançosa carta, Flannery despertou coberta de erupções cutâneas derivadas do lúpus. Esse era o único dos principais sintomas do lúpus que ela nunca havia manifestado antes. Naquele mesmo dia, Flannery foi para o Baldwin General Hospital por tempo indeterminado – e «por minha própria conta», disse, «pois o seguro de saúde não cobre lúpus». No fim das contas, ela passou duas semanas no hospital. De seu leito, Flannery escreveu a Elizabeth McKee para dar-lhe instruções específicas so-

---

(5) Ibid., p. 572.
(6) Ibid., p. 574.

bre os contos que queria inserir em *Tudo o que se eleva deve convergir*.

O plano inicial era que Flannery revisasse e reescrevesse os contos, a maioria dos quais já tinha sido publicada em algumas revistas. Contudo, diante das limitações hospitalares, ela sugeriu que os editores da Farrar adquirissem os direitos das revistas e imprimissem as respectivas versões. «Se estivesse bem, haveria muito o que reescrever e reeditar, mas no meu estado de saúde atual não vejo por que desperdiçar minhas energias com velhos contos que estão essencialmente bons como estão»[7]. Em carta a McKee, Flannery dá a impressão de que Robert Giroux a estava apressando para incluir o livro no catálogo do outono. Todavia, ela estava no ramo há tempo suficiente para saber a frequência com que os livros eram realocados de um catálogo para outro. A verdadeira urgência, então, vinha dela mesma, e não do editor.

Flannery e tia Mary deixaram o hospital no mesmo dia, e ambas voltaram para a casa em Andalusia – a «Casa de Saúde dos Montes Rangentes», como Flannery a chamava – para permanecerem sob os cuidados de Regina. Ela afirmou que já não sentia dores, apenas fraqueza. Algumas transfusões de sangue recentes possibilitavam que ela trabalhasse por uma hora ou um pouco mais todos os dias.

Em Nova York, Janet McKane ofereceu outra Missa em intenção de Flannery. A autora brincou consciente e piedosamente com o termo católico «intenções»: «Não sei quais são as minhas intenções, mas tento dizer que o que agrada a Deus agrada a mim. Deste modo, supo-

---

(7) Ibid., p. 575.

nho eu, pode-se dizer que minhas intenções são sempre honrosas»[8].

Também era sua intenção terminar a coletânea de contos a tempo de ser lançada no outono. Flannery trabalhou sem descanso nos textos que precisavam ser revisados ou concluídos. Seus esforços foram interrompidos, entretanto, por outra ida ao hospital – desta vez ao Piedmont, em Atlanta, para que o dr. Merrill pudesse retomar os cuidados com a sua saúde.

Flannery ficou ali de 21 de maio a 20 de junho. De seu leito, continuou a escrever cartas. Dias depois, suas correspondências adquiriram um tom menos alegre. «Não sei se estou tendo progresso ou se há algo que possa ser feito», escreveu a Maryat Lee. «De todo modo, esperemos que estejam descobrindo alguma coisa»[9].

Nas primeiras semanas ela concluiu «As costas de Parker», que ainda precisava, porém, de alguma revisão. Escreveu a Robert Giroux dizendo que começaria essa revisão assim que voltasse para sua máquina de escrever. Flannery, no entanto, desistiu de esperar e começou a escrever à mão de sua cama no hospital. Também pediu ao editor que adiasse a publicação para a primavera.

Quando o dr. Merrill enfim lhe deu alta, Flannery escreveu uma carta a Janet McKane na qual mencionou que admirava o poeta Gerard Manley Hopkins – sobretudo o poema chamado «Primavera e outono». Trata-se de uma meditação sobre a morte e a efemeridade da vida, bem como sobre a natureza do sofrimento, dirigida a uma ga-

---

(8) Ibid., p. 577.
(9) Ibid., pp. 582-83.

rotinha chamada Margaret, cujo primeiro contato com a dor vinha com a morte das folhas no outono:

> Margaret, por que choras?
> Por Goldengrove, que perde suas folhas?
> Como se humanas fossem, em teu pensar
> Tão puro, por folhas pões-te a chorar?
> Ah! o coração envelhece e acontece
> Que por coisas assim perde o interesse;
> Já não lhe inspira mais tristeza alguma
> Se os bosques perdem folhas, uma a uma;
> Mas vais chorar e o porquê vais saber.
> Só que isto, filha, nem vale dizer;
> São sempre as mesmas as fontes do pranto.
> Boca ou mente não expressam quanto
> A alma adivinha, o coração pressente:
> O mal de origem com que o homem nasce,
> Eis, Margaret, o que te entristece[10].

É assaz triste pensar em Flannery O'Connor naquele quarto de hospital – sem soluções médicas, sem ter completado quarenta anos de idade e voltando para casa para morrer – copiando estas palavras tristes a uma mulher que ela jamais conhecera: *Margaret, por que choras?*.

* * *

De volta a Andalusia, Flannery trabalhou o máximo que pôde, com a ajuda das transfusões de sangue. Escre-

---

(10) Em *Poemas*, tradução de Aíla de Oliveira Gomes, Companhia das Letras, São Paulo, 1989. [N. do E.]

veu, a Cecil Dawkins: «De minha parte, contanto que consiga chegar à máquina de escrever, tenho [sangue] o suficiente»[11]. Seus rins se tornaram o principal ponto da enfermidade; sua deficiência em filtrar o sangue tornava as transfusões necessárias.

Flannery concluiu «O dia do juízo», uma reescritura de seu primeiro conto publicado, «O gerânio». Na versão original, tratava-se de uma meditação um tanto sentimental sobre a saudade de casa e os males do racismo sulista, mas passou a ser uma meditação sobre a morte que fazia os comportamentos sulistas em relação às questões raciais parecerem efêmeros. Flannery o enviou a Robert Giroux em substituição a «O Festival da Azaleia de Partridge», conto que passara a detestar.

Já em casa, Flannery passou por períodos de altos e baixos. Em suas cartas, falava muito mais sobre os dias bons, mas, em missiva a Maryat Lee sobre o ajuste das doses, escreveu: «Pelo que vejo, o remédio e a doença correm lado a lado para matá-la»[12]. Mais significativo e mais ominoso foi, quando chegou um padre a Andalusia a fim de dar-lhe a Eucaristia após tantas semanas longe da Missa (e sem previsões para voltar), Flannery ter-lhe pedido a Unção dos Enfermos.

Flannery O'Connor viveu por mais três semanas. Em 29 de julho, uma quarta-feira, caiu doente e foi levada de ambulância ao Baldwin General. Em 2 de agosto, domingo, família e amigos foram avisados de que o fim estava próximo. Naquele dia, Flannery recebeu a Eucaristia em seu leito no hospital.

---

(11) Ibid., p. 587.
(12) Ibid., p. 590.

«ALÉM DA ZONA DOS TROVÕES»

Naquela mesma noite, ela ficou inconsciente, e logo depois da meia-noite, na segunda-feira, 3 de agosto, seus rins pararam e ela faleceu. Tinha 39 anos de idade.

O funeral de Flannery ocorreu no dia seguinte, com uma Missa fúnebre na Igreja do Sagrado Coração. Nenhum de seus amigos de fora estava ali. Apenas os amigos locais e a família estiveram presentes para ver a terra vermelha cobrir seu caixão. Fora uma cidadã de Milledgeville até o fim.

Duas semanas antes de morrer, Flannery escrevera uma carta a Janet McKane na qual reproduziu uma oração a São Rafael Arcanjo que ela fazia todos os dias:

Ó, Rafael, conduz-nos àqueles que esperamos, àqueles que nos estão esperando: Rafael, anjo do feliz encontro, conduz-nos pela mão àqueles por quem procuramos. Que nossos passos sejam guiados por tua Luz e transfigurados com tua alegria. Anjo guia de Tobias, põe o pedido que agora te encomendamos aos pés Daquele cuja face desvelada tens o privilégio de ver. Sozinhos e cansados, abatidos pelas separações e sofrimentos da vida, sentimos a necessidade de chamar-te e suplicar-te pela proteção de tuas asas, para que assim não sejamos como estrangeiros no reino da felicidade, de todo ignorantes das questões de nossa terra. Lembra-te dos fracos, tu que és forte, tu cujo lar jaz além da zona dos trovões, numa terra de perpétua paz, perpétua serenidade e brilho com a resplandecente glória de Deus[13].

---

(13) Ibid., pp. 592-93.

É extraordinário pensar nessa mulher – que fizera o próprio nome com histórias do terror mais terreno e grotesco – meditando todos os dias sobre o reino da felicidade, a fim de que não ignorasse as verdadeiras questões de sua terra verdadeira. Toda a escuridão esteve a serviço da eterna luz. Toda a violência, a serviço da paz e da serenidade. A escritora cujas histórias eram qual relâmpagos ocupou seu lugar além da zona dos trovões.

Agradecimentos

Flannery O'Connor dava a entender que sua criatividade era em parte incentivada pela necessidade – nunca satisfeita – de pessoas. Não foi essa a minha experiência. Sempre tive pessoas por perto, e muitas. Foi a presença delas, e não a ausência, que me colocou num rumo criativo. Não creio que seria capaz de adentrar essa caverna solitária da escrita se não houvesse pessoas logo à entrada, sempre me chamando de volta à luz reluzente do mundo.

A amizade é uma das grandes forças criativas que existem. Minha vida de escritor foi transformada sete anos atrás, quando conheci Andrew Peterson, homem cuja escrita é um transbordamento da completude e generosidade de sua alma. Ele me apresentou a uma série de músicos, escritores, pregadores e professores cujo comprometimento com a verdade e a beleza condiz com seu comprometimento com a amizade e o auxílio mútuo. Meus colegas na Rabbit Room têm sido uma fonte constante de coragem nesses últimos anos. Observei seu esforço nos processos criativos e pude contemplar todos os belos trabalhos que resultaram deles. Não poderia haver melhor lembrança de que o esforço vale a pena. E, embora a Rabbit Room seja um espaço virtual, não há nada virtual nos inúmeros biscoitos Waffle House que dividi com Pete Peterson, Russ Ramsey, Thomas McKenzie, Eric Peters, Randall Goodgame, Josh Shive e Andy Osenga. Estamos nos tornando aquilo que Wendell Berry chama de associação, pelo que sou muitíssimo grato.

Sou muitíssimo grato, também, a Joel Miller, primeiro a sugerir que escrevesse este livro, e a Heather Skelton e Kristen Parrish, que conduziram todo o processo editorial. Também agradeço imensamente a Rhonda Lowry por sua ajuda com os direitos e a Ralph C. Wood, que me ajudou nos últimos minutos com os erros que eu não gostaria que o mundo visse.

Como sempre, devo à minha esposa Lou Alice mais agradecimentos do que seria capaz de expressar. Ela espalha beleza por onde passa e é solidária em muito mais do que qualquer pessoa deveria ser.

Direção geral
Renata Ferlin Sugai

Direção editorial
Hugo Langone

Produção editorial
Gabriela Haeitmann
José Pedro Moraes

Revisão
Mariana Ianelli

Capa
Larissa Fernandez

Diagramação
Sérgio Ramalho

ESTE LIVRO ACABOU DE SE IMPRIMIR
A 16 DE JULHO DE 2021.